Langenscheidts
Verb-Tabellen
Spanisch

herausgegeben von
der Langenscheidt Redaktion
bearbeitet von
Christian Frieser

Langenscheidt
Berlin · München · Wien · Zürich · New York

Herausgegeben von der Langenscheidt Redaktion
neu bearbeitet von Christian Frieser
Redaktion: Dr. Olga Balboa

© 2000 Langenscheidt KG, Berlin und München
Druck: Druckhaus Langenscheidt, Berlin-Schöneberg
Printed in Germany · ISBN 3–468–34342-6

Inhaltsverzeichnis

Erklärung der grammatischen Bezeichnungen ———————— 4

Paradigma von ser ————————————————————— 5
Paradigma von estar ————————————————————— 6
Paradigma von haber ————————————————————— 7

Erste Konjugation: Verben auf -ar
Paradigma eines regelmäßigen Verbs ———————————— 8
Paradigmen von 13 unregelmäßigen Verben
in alphabetischer Reihenfolge ——————————————— 9

Zweite Konjugation: Verben auf -er
Paradigma eines regelmäßigen Verbs ———————————— 16
Paradigmen von 20 unregelmäßigen Verben
in alphabetischer Reihenfolge ——————————————— 17

Dritte Konjugation: Verben auf -ir
Paradigma eines regelmäßigen Verbs ———————————— 27
Paradigma von 19 unregelmäßigen Verben
in alphabetischer Reihenfolge ——————————————— 28

Unvollständige Verben ——————————————————— 38

Das reflexive Verb ————————————————————— 39

Das Passiv ————————————————————————— 40

Rektion der spanischen Verben ——————————————— 42

Alphabetische Liste der wichtigsten Verben
und unregelmäßigen Verbformen mit deutscher Übersetzung ——— 47

Erklärung der grammatischen Bezeichnungen

condicional — Konditional (Erste Bedingungsform): **compraría** ich würde kaufen

cond. perf. — condicional **perfecto** (Zweite Bedingungsform): **habría comprado** ich würde gekauft haben

formas compuestas — Zusammengesetzte Zeiten

formas simples — Einfache Zeiten

futuro — Erstes Futur (Erste Zukunft): **compraré** ich werde kaufen

fut. perf. — **futuro perfecto** Zweites Futur (Zweite Zukunft): **habré comprado** ich werde gekauft haben

gerundio — Gerundium: **comprando** kaufend

gerundio perf. — **gerundio perfecto** Gerundium Perfekt: **habiendo comprado** gekauft habend

imperativo — Imperativ (Befehlsform): **compra** kaufe

imperfecto — Imperfekt (Vergangenheit): **compraba** ich kaufte

indicativo — Indikativ (Wirklichkeitsform): **recibí** ich erhielt

infinitivo — Infinitiv (Nennform, Grundform): **comprar** kaufen

infinitivo perf. — **infinitivo perfecto** Infinitiv Perfekt (Nennform der Vergangenheit): **haber comprado** gekauft haben

participio — Partizip (Mittelwort): **comprado** gekauft

pluscuamp. — **pluscuamperfecto** Plusquamperfekt (Vorvergangenheit): **había comprado** ich hatte gekauft

presente — Präsens (Gegenwart): **compro** ich kaufe

pret. ant. — **pretérito anterior** Antepräteritum (historische Vorvergangenheit): **hube comprado** ich hatte gekauft

pret. indef. — **pretérito indefinido, préterito perfecto simple** Präteritum (historisches Perfekt): **compré** ich kaufte

pret. perf. — **pretérito perfecto** Perfekt (vollendete Gegenwart): **he comprado** ich habe gekauft

subjuntivo — ähnlich dem deutschen Konjunktiv (Möglichkeitsform): **si recibiera** wenn ich erhielte

ser *sein*)*

formas simples

Indicativo

presente	imperfecto	pret. indef.	futuro
soy	era	fui	seré
eres	eras	fuiste	serás
es	era	fue	será
somos	éramos	fuimos	seremos
sois	erais	fuisteis	seréis
son	eran	fueron	serán

Subjuntivo   **Imperativo**

presente	imperfecto		condicional
sea	fuera (fuese)	–	sería
seas	fueras (fueses)	sé (no seas)	serías
sea	fuera (fuese)	sea Vd.	sería
seamos	fuéramos (fuésemos)	seamos	seríamos
seáis	fuerais (fueseis)	sed (no seáis)	seríais
sean	fueran (fuesen)	sean Vds.	serían

infinitivo: ser   **gerundio:** siendo   **participio:** sido

formas compuestas

Indicativo

pret. perf.	pluscuamp.	pret. ant.	fut. perf.
he sido	había sido	hube sido	habré sido
has sido	habías sido	hubiste sido	habrás sido
ha sido	había sido	hubo sido	habrá sido
hemos sido	habíamos sido	hubimos sido	habremos sido
habéis sido	habíais sido	hubisteis sido	habréis sido
han sido	habían sido	hubieron sido	habrán sido

Subjuntivo

pret. perf.	pluscuamp.	cond. perf.
haya sido	hubiera (hubiese) sido	habría sido
hayas sido	hubieras (hubieses) sido	habrías sido
haya sido	hubiera (hubiese) sido	habría sido
hayamos sido	hubiéramos (hubiésemos) sido	habríamos sido
hayáis sido	hubierais (hubieseis) sido	habríais sido
hayan sido	hubieran (hubiesen) sido	habrían sido

infinitivo perf.: haber sido   **gerundio perf.:** habiendo sido

*) Als Hilfsverb dient ser (= *werden*) zur Bildung des Passivs (s. S. 40/41).

estar *sein*

formas simples

Indicativo

presente	imperfecto	pret. indef.	futuro
estoy	estaba	estuve	estaré
estás	estabas	estuviste	estarás
está	estaba	estuvo	estará
estamos	estábamos	estuvimos	estaremos
estáis	estabais	estuvisteis	estaréis
están	estaban	estuvieron	estarán

Subjuntivo

Imperativo

presente	imperfecto		condicional
esté	estuviera (estuviese)	–	estaría
estés	estuvieras (-ses)	está (no estés)	estarías
esté	estuviera (-se)	esté Vd.	estaría
estemos	estuviéramos (-semos)	estemos	estaríamos
estéis	estuvierais (-seis)	estad (no estéis)	estaríais
estén	estuvieran (-sen)	estén Vds.	estarían

infinitivo: estar   **gerundio:** estando   **participio:** estado

formas compuestas

Indicativo

pret. perf.	pluscuamp.	pret. ant.	fut. perf.
he estado	había estado	hube estado	habré estado
has estado	habías estado	hubiste estado	habrás estado
ha estado	había estado	hubo estado	habrá estado
hemos estado	habíamos estado	hubimos estado	habremos estado
habéis estado	habíais estado	hubisteis estado	habréis estado
han estado	habían estado	hubieron estado	habrán estado

Subjuntivo

pret. perf.	pluscuamp.	cond. perf.
haya estado	hubiera (hubiese) estado	habría estado
hayas estado	hubieras (-ses) estado	habrías estado
haya estado	hubiera (-se) estado	habría estado
hayamos estado	hubiéramos (-semos) estado	habríamos estado
hayáis estado	hubierais (-seis) estado	habríais estado
hayan estado	hubieran (-sen) estado	habrían estado

infinitivo perf.: haber estado   **gerundio perf.:** habiendo estado

haber *(haben*)*

formas simples

Indicativo

presente	imperfecto	pret. indef.	futuro
he	había	hube	habré
has	habías	hubiste	habrás
ha (hay)**	había	hubo	habrá
hemos	habíamos	hubimos	habremos
habéis	habíais	hubisteis	habréis
han	habían	hubieron	habrán

Subjuntivo | | **Imperativo** | |

presente	imperfecto		condicional
haya	hubiera (hubiese)	–	habría
hayas	hubieras (-ses)	–	habrías
haya	hubiera (-se)	–	habría
hayamos	hubiéramos (-semos)	–	habríamos
hayáis	hubierais (-seis)	–	habríais
hayan	hubieran (-sen)	–	habrían

infinitivo: haber **gerundio:** habiendo **participio:** habido

formas compuestas

Indicativo

pret. perf.	pluscuamp.	pret. ant.	fut. perf.
he habido	había habido	hube habido	habré habido
has habido	habías habido	hubiste habido	habrás habido
ha habido	había habido	hubo habido	habrá habido
hemos habido	habíamos habido	hubimos habido	habremos habido
habéis habido	habíais habido	hubisteis habido	habréis habido
han habido	habían habido	hubieron habido	habrán habido

Subjuntivo

pret. perf.	pluscuamp.	cond. perf.
haya habido	hubiera (hubiese) habido	habría habido
hayas habido	hubieras (-ses) habido	habrías habido
haya habido	hubiera (-se) habido	habría habido
hayamos habido	hubiéramos (-semos) habido	habríamos habido
hayáis habido	hubierais (-seis) habido	habríais habido
hayan habido	hubieran (-sen) habido	habrían habido

infinitivo perf.: haber habido **gerundio perf.:** habiendo habido

*) Wird nur als Hilfsverb gebraucht und dient zur Bildung der zusammengesetzten Zeiten.
**) Unpersönliche Nebenform mit der Bedeutung *es gibt.*

comprar *kaufen*

formas simples

Indicativo

presente	imperfecto	pret. indef.	futuro
compro	compraba	compré	compraré
compras	comprabas	compraste	comprarás
compra	compraba	compró	comprará
compramos	comprábamos	compramos	compraremos
compráis	comprabais	comprasteis	compraréis
compran	compraban	compraron	comprarán

Subjuntivo

			Imperativo	

presente	imperfecto			condicional
compre	comprara (comprase)	–		compraría
compres	compraras (-ses)	compra (no compres)		comprarías
compre	comprara (-se)	compre Vd.		compraría
compremos	compráramos (-semos)	compremos		compraríamos
compréis	comprarais (-seis)	comprad (no compréis)		compraríais
compren	compraran (-sen)	compren Vds.		comprarían

infinitivo: comprar   **gerundio:** comprando   **participio:** comprado

formas compuestas

Indicativo

pret. perf.	pluscuamp.	pret. ant.	fut. perf.
he comprado	había comprado	hube comprado	habré comprado
has comprado	habías comprado	hubiste comprado	habrás comprado
ha comprado	había comprado	hubo comprado	habrá comprado
hemos comprado	habíamos comprado	hubimos comprado	habremos comprado
habéis comprado	habíais comprado	hubisteis comprado	habréis comprado
han comprado	habían comprado	hubieron comprado	habrán comprado

Subjuntivo

pret. perf.	pluscuamp.	cond. perf.
haya comprado	hubiera (hubiese) comprado	habría comprado
hayas comprado	hubieras (-ses) comprado	habrías comprado
haya comprado	hubiera (-se) comprado	habría comprado
hayamos comprado	hubiéramos (-semos) comprado	habríamos comprado
hayáis comprado	hubierais (-seis) comprado	habrías comprado
hayan comprado	hubieran (-sen) comprado	habrían comprado

infinitivo perf.: haber comprado   **gerundio perf.:** habiendo comprado

acentuar *betonen*

u wird in stammbetonten Formen mit Akzent versehen.

Indicativo

presente	imperfecto	pret. indef.	futuro
acentúo	acentuaba	acentué	acentuaré
acentúas	acentuabas	acentuaste	acentuarás
acentúa	acentuaba	acentuó	acentuará
acentuamos	acentuábamos	acentuamos	acentuaremos
acentuáis	acentuabais	acentuasteis	acentuaréis
acentúan	acentuaban	acentuaron	acentuarán

Subjuntivo

Imperativo

presente	imperfecto		condicional
acentúe	acentuara (-se)	–	acentuaría
acentúes	acentuaras (-ses)	acentúa (no acentúes)	acentuarías
acentúe	acentuara (-se)	acentúe Vd.	acentuaría
acentuemos	acentuáramos (-semos)	acentuemos	acentuaríamos
acentuéis	acentuarais (-seis)	acentuad (no acentuéis)	acentuaríais
acentúen	acentuaran (-sen)	acentúen Vds.	acentuarían

infinitivo: acentuar   **gerundio:** acentuando   **participio:** acentuado

Erste Konjugation

agorar *voraussagen*

Betontes Stamm-**o** wird zu **üe**

Indicativo

presente	imperfecto	pret. indef.	futuro
agüero	agoraba	agoré	agoraré
agüeras	agorabas	agoraste	agorarás
agüera	agoraba	agoró	agorará
agoramos	agorábamos	agoramos	agoraremos
agoráis	agorabais	agorasteis	agoraréis
agüeran	agoraban	agoraron	agorarán

Subjuntivo

Imperativo

presente	imperfecto		condicional
agüere	agorara (-se)	–	agoraría
agüeres	agoraras (-ses)	agüera (no agüeres)	agorarías
agüere	agorara (-se)	agüere Vd.	agoraría
agoremos	agoráramos (-semos)	agoremos	agoraríamos
agoréis	agorarais (-seis)	agorad (no agoréis)	agoraríais
agüeren	agoraran (-sen)	agüeren Vds.	agorarían

infinitivo: agorar   **gerundio:** agorando   **participio:** agorado

andar *gehen*

Erste Konjugation

Indicativo

presente	imperfecto	pret. indef.	futuro
ando	andaba	anduve	andaré
andas	andabas	anduviste	andarás
anda	andaba	anduvo	andará
andamos	andábamos	anduvimos	andaremos
andáis	andabais	anduvisteis	andaréis
andan	andaban	anduvieron	andarán

Subjuntivo

Imperativo

presente	imperfecto		condicional
ande	anduviera (-se)	–	andaría
andes	anduvieras (-ses)	anda (no andes)	andarías
ande	anduviera (-se)	ande Vd.	andaría
andemos	anduviéramos (-semos)	andemos	andaríamos
andéis	anduvierais (-seis)	andad (no andéis)	andaríais
anden	anduvieran (-sen)	anden Vds.	andarían

infinitivo: andar   **gerundio:** andando   **participio:** andado

contar *zählen*
Betontes Stamm-**o** wird zu **ue**

Indicativo

presente	imperfecto	pret. indef.	futuro
cuento	contaba	conté	contaré
cuentas	contabas	contaste	contarás
cuenta	contaba	contó	contará
contamos	contábamos	contamos	contaremos
contáis	contabais	contasteis	contaréis
cuentan	contaban	contaron	contarán

Subjuntivo

Imperativo

presente	imperfecto		condicional
cuente	contara (-se)	–	contaría
cuentes	contaras (-ses)	cuenta (no cuentes)	contarías
cuente	contara (-se)	cuente Vd.	contaría
contemos	contáramos (-semos)	contemos	contaríamos
contéis	contarais (-seis)	contad (no contéis)	contaríais
cuenten	contaran (-sen)	cuenten Vds.	contarían

infinitivo: contar   **gerundio:** contando   **participio:** contado

cruzar *(durch)kreuzen*
Stammauslaut **z** wird vor **e** zu **c**

Indicativo

presente	imperfecto	pret. indef.	futuro
cruzo	cruzaba	crucé	cruzaré
cruzas	cruzabas	cruzaste	cruzarás
cruza	cruzaba	cruzó	cruzará
cruzamos	cruzábamos	cruzamos	cruzaremos
cruzáis	cruzabais	cruzasteis	cruzaréis
cruzan	cruzaban	cruzaron	cruzarán

Subjuntivo / Imperativo

presente	imperfecto	Imperativo	condicional
cruce	cruzara (-se)	–	cruzaría
cruces	cruzaras (-ses)	cruza (no cruces)	cruzarías
cruce	cruzara (-se)	cruce Vd.	cruzaría
crucemos	cruzáramos (-semos)	crucemos	cruzaríamos
crucéis	cruzarais (-seis)	cruzad (no crucéis)	cruzaríais
crucen	cruzaran (-sen)	crucen Vds.	cruzarían

infinitivo: cruzar **gerundio:** cruzando **participio:** cruzado

Erste Konjugation

---

dar *geben*

Indicativo

presente	imperfecto	pret. indef.	futuro
doy	daba	di	daré
das	dabas	diste	darás
da	daba	dio	dará
damos	dábamos	dimos	daremos
dais	dabais	disteis	daréis
dan	daban	dieron	darán

Subjuntivo / Imperativo

presente	imperfecto	Imperativo	condicional
dé	diera (-se)	–	daría
des	dieras (-ses)	da (no des)	darías
dé	diera (-se)	dé Vd.	daría
demos	diéramos (-semos)	demos	daríamos
deis	dierais (-seis)	dad (nos deis)	daríais
den	dieran (-sen)	den Vds.	darían

infinitivo: dar **gerundio:** dando **participio:** dado

errar *irren*

Betontes Stamm-**e** wird, weil es am Anfang des Wortes steht, zu **ye**

Indicativo

presente	imperfecto	pret. indef.	futuro
yerro	erraba	erré	erraré
yerras	errabas	erraste	errarás
yerra	erraba	erró	errará
erramos	errábamos	erramos	erraremos
erráis	errabais	errasteis	erraréis
yerran	erraban	erraron	errarán

Subjuntivo / Imperativo

presente	imperfecto	Imperativo	condicional
yerre	errara (-se)	–	erraría
yerres	erraras (-ses)	yerra (no yerres)	errarías
yerre	errara (-se)	yerre Vd.	erraría
erremos	erráramos (-semos)	erremos	erraríamos
erréis	errarais (-seis)	errad (no erréis)	erraríais
yerren	erraran (-sen)	yerren Vds.	errarían

infinitivo: errar   **gerundio:** errando   **participio:** errado

fraguar *schmieden*

Stammauslaut **gu** wird vor **e** zu **güe**

Indicativo

presente	imperfecto	pret. indef.	futuro
fraguo	fraguaba	fragüé	fraguaré
fraguas	fraguabas	fraguaste	fraguarás
fragua	fraguaba	fraguó	fraguará
fraguamos	fraguábamos	fraguamos	fraguaremos
fraguáis	fraguábais	fraguasteis	fraguaréis
fraguan	fraguaban	fraguaron	fraguarán

Subjuntivo / Imperativo

presente	imperfecto	Imperativo	condicional
fragüe	fraguara (-se)	–	fraguaría
fragües	fraguaras (-ses)	fragua (no fragües)	fraguarías
fragüe	fraguara (-se)	fragüe Vd.	fraguaría
fragüemos	fraguáramos (-semos)	fragüemos	fraguaríamos
fragüéis	fraguarais (-seis)	fraguad (no fragüéis)	fraguaríais
fragüen	fraguaran (-sen)	fragüen Vds.	fraguarían

infinitivo: fraguar   **gerundio:** fraguando   **participio:** fraguado

jugar *spielen*

Betontes Stamm-**u** wird in **ue** verwandelt. Stammauslaut **g** wird
vor **e** zu **gu** (**u** stumm)

Indicativo

presente	imperfecto	pret. indef.	futuro
juego	jugaba	jugué	jugaré
juegas	jugabas	jugaste	jugarás
juega	jugaba	jugó	jugará
jugamos	jugábamos	jugamos	jugaremos
jugáis	jugabais	jugasteis	jugaréis
juegan	jugaban	jugaron	jugarán

Subjuntivo

Imperativo

Presente	Imperfecto		condicional
juegue	jugara (-se)	–	jugaría
juegues	jugaras (-ses)	juega (no juegues)	jugarías
juegue	jugara (-se)	juegue Vd.	jugaría
juguemos	jugáramos (-semos)	juguemos	jugaríamos
juguéis	jugarais (-seis)	jugad (no juguéis)	jugaríais
jueguen	jugaran (-sen)	jueguen Vds.	jugarían

infinitivo: jugar   **gerundio:** jugando   **participio:** jugado

Erste Konjugation

pagar *zahlen*

Stammlaut **g** wird vor **e** zu **gu** (**u** stumm)

Indicativo

presente	imperfecto	pret. indef.	futuro
pago	pagaba	pagué	pagaré
pagas	pagabas	pagaste	pagarás
paga	pagaba	pagó	pagará
pagamos	pagábamos	pagamos	pagaremos
pagáis	pagabais	pagasteis	pagaréis
pagan	pagaban	pagaron	pagarán

Subjuntivo

Imperativo

presente	imperfecto		condicional
pague	pagara (-se)	–	pagaría
pagues	pagaras (-ses)	paga (no pagues)	pagarías
pague	pagara (-se)	pague Vd.	pagaría
paguemos	pagáramos (-semos)	paguemos	pagaríamos
paguéis	pagarais (-seis)	pagad (no paguéis)	pagaríais
paguen	pagaran (-sen)	paguen Vds.	pagarían

infinitivo: pagar   **gerundio:** pagando   **participio:** pagado

pensar *denken*
Betontes Stamm-**e** wird zu **ie**

Erste Konjugation

Indicativo

presente	imperfecto	pret. indef.	futuro
pienso	pensaba	pensé	pensaré
piensas	pensabas	pensaste	pensarás
piensa	pensaba	pensó	pensará
pensamos	pensábamos	pensamos	pensaremos
pensáis	pensabais	pensasteis	pensaréis
piensan	pensaban	pensaron	pensarán

Subjuntivo   Imperativo

presente	imperfecto		condicional
piense	pensara (-se)	–	pensaría
pienses	pensaras (-ses)	piensa (no pienses)	pensarías
piense	pensara (-se)	piense Vd.	pensaría
pensemos	pensáramos (-semos)	pensemos	pensaríamos
penséis	pensarais (-seis)	pensad (no penséis)	pensaríais
piensen	pensaran (-sen)	piensen Vds.	pensarían

infinitivo: pensar   **gerundio:** pensando   **participio:** pensado

tocar *berühren*
Stammauslaut **c** wird vor **e** zu **qu**

Indicativo

presente	imperfecto	pret. indef.	futuro
toco	tocaba	toqué	tocaré
tocas	tocabas	tocaste	tocarás
toca	tocaba	tocó	tocará
tocamos	tocábamos	tocamos	tocaremos
tocáis	tocabais	tocasteis	tocaréis
tocan	tocaban	tocaron	tocarán

Subjuntivo   Imperativo

presente	imperfecto		condicional
toque	tocara (-se)	–	tocaría
toques	tocaras (-ses)	toca (no toques)	tocarías
toque	tocara (-se)	toque Vd.	tocaría
toquemos	tocáramos (-semos)	toquemos	tocaríamos
toquéis	tocarais (-seis)	tocad (no toquéis)	tocaríais
toquen	tocaran (-sen)	toquen Vds.	tocarían

infinitivo: tocar   **gerundio:** tocando   **participio:** tocado

variar *ändern*

i wird in stammbetonten Formen mit Akzent versehen.

Indicativo

presente	imperfecto	pret. indef.	futuro
varío	variaba	varié	variaré
varías	variabas	variaste	variarás
varía	variaba	varió	variará
variamos	variábamos	variamos	variaremos
variáis	variabais	variasteis	variaréis
varían	variaban	variaron	variarán

Subjuntivo

Imperativo

presente	imperfecto		condicional
varíe	variara (-se)	–	variaría
varíes	variaras (-ses)	varía (no varíes)	variarías
varíe	variara (-se)	varíe Vd.	variaría
variemos	variáramos (-semos)	variemos	variaríamos
variéis	variarais (-seis)	variad (no variéis)	variaríais
varíen	variaran (-sen)	varíen Vds.	variarían

infinitivo: variar **gerundio:** variando **participio:** variado

Erste Konjugation

15

vender *verkaufen*

formas simples

Indicativo

presente	imperfecto	pret. indef.	futuro
vendo	vendía	vendí	venderé
vendes	vendías	vendiste	venderás
vende	vendía	vendió	venderá
vendemos	vendíamos	vendimos	venderemos
vendéis	vendíais	vendisteis	venderéis
venden	vendían	vendieron	venderán

Subjuntivo

		Imperativo	
presente	imperfecto		condicional
venda	vendiera (vendiese)	–	vendería
vendas	vendieras (-ses)	vende (no vendas)	venderías
venda	vendiera (-se)	venda Vd.	vendería
vendamos	vendiéramos (-semos)	vendamos	venderíamos
vendáis	vendierais (-seis)	vended (no vendáis)	venderíais
vendan	vendieran (-sen)	vendan Vds.	venderían

infinitivo: vender **gerundio:** vendiendo **participio:** vendido

formas compuestas

Indicativo

pret. perf.	pluscuamp.	pret. ant.	fut. perf.
he vendido	había vendido	hube vendido	habré vendido
has vendido	habías vendido	hubiste vendido	habrás vendido
ha vendido	había vendido	hubo vendido	habrá vendido
hemos vendido	habíamos vendido	hubimos vendido	habremos vendido
habéis vendido	habíais vendido	hubisteis vendido	habréis vendido
han vendido	habían vendido	hubieron vendido	habrán vendido

Subjuntivo

pret. perf.	pluscuamp.		cond. perf.
haya vendido	hubiera (hubiese) vendido		habría vendido
hayas vendido	hubieras (-ses) vendido		habrías vendido
haya vendido	hubiera (-se) vendido		habría vendido
hayamos vendido	hubiéramos (-semos) vendido		habríamos vendido
hayáis vendido	hubierais (-seis) vendido		habríais vendido
hayan vendido	hubieran (-sen) vendido		habrían vendido

infinitivo perf.: haber vendido **gerundio perf.:** habiendo vendido

absolver *freisprechen*
Betontes Stamm-**o** wird zu **ue**. Das Partizip endet auf **-uelto**.

Indicativo

presente	imperfecto	pret. indef.	futuro
absuelvo	absolvía	absolví	absolveré
absuelves	absolvías	absolviste	absolverás
absuelve	absolvía	absolvió	absolverá
absolvemos	absolvíamos	absolvimos	absolveremos
absolvéis	absolvíais	absolvisteis	absolveréis
absuelven	absolvían	absolvieron	absolverán

Subjuntivo   Imperativo

presente	imperfecto		condicional
absuelva	absolviera (-se)	–	absolvería
absuelvas	absolvieras (-ses)	absuelve (no absuelvas)	absolverías
absuelva	absolviera (-se)	absuelva Vd.	absolvería
absolvamos	absolviéramos (-semos)	absolvamos	absolveríamos
absolváis	absolvierais (-seis)	absolved (no absolváis)	absolveríais
absuelvan	absolvieran (-sen)	absuelvan Vds.	absolverían

infinitivo: absolver   **gerundio:** absolviendo   **participio:** absuelto

caber *Platz haben*

Indicativo

presente	imperfecto	pret. indef.	futuro
quepo	cabía	cupe	cabré
cabes	cabías	cupiste	cabrás
cabe	cabía	cupo	cabrá
cabemos	cabíamos	cupimos	cabremos
cabéis	cabíais	cupisteis	cabréis
caben	cabían	cupieron	cabrán

Subjuntivo   Imperativo

presente	imperfecto		condicional
quepa	cupiera (-se)	–	cabría
quepas	cupieras (-ses)	cabe (no quepas)	cabrías
quepa	cupiera (-se)	quepa Vd.	cabría
quepamos	cupiéramos (-semos)	quepamos	cabríamos
quepáis	cupierais (-seis)	cabed (no quepáis)	cabríais
quepan	cupieran (-sen)	quepan Vds.	cabrían

infinitivo: caber   **gerundio:** cabiendo   **participio:** cabido

Zweite Konjugation

caer *fallen*

Indicativo

presente	imperfecto	pret. indef.	futuro
caigo	caía	caí	caeré
caes	caías	caíste	caerás
cae	caía	cayó	caerá
caemos	caíamos	caímos	caeremos
caéis	caíais	caísteis	caeréis
caen	caían	cayeron	caerán

Subjuntivo   Imperativo

presente	imperfecto	Imperativo	condicional
caiga	cayera (-se)	–	caería
caigas	cayeras (-ses)	cae (no caigas)	caerías
caiga	cayera (-se)	caiga Vd.	caería
caigamos	cayéramos (-semos)	caigamos	caeríamos
caigáis	cayerais (-seis)	caed (no caigáis)	caeríais
caigan	cayeran (-sen)	caigan Vds.	caerían

infinitivo: caer   **gerundio:** cayendo   **participio:** caído

---

coger *(er)greifen, nehmen*
Stammauslaut **g** wird vor **a** und **o** zu **j**

Indicativo

presente	imperfecto	pret. indef.	futuro
cojo	cogía	cogí	cogeré
coges	cogías	cogiste	cogerás
coge	cogía	cogió	cogerá
cogemos	cogíamos	cogimos	cogeremos
cogéis	cogíais	cogisteis	cogeréis
cogen	cogían	cogieron	cogerán

Subjuntivo   Imperativo

presente	imperfecto	Imperativo	condicional
coja	cogiera (-se)	–	cogería
cojas	cogieras (-ses)	coge (no cojas)	cogerías
coja	cogiera (-se)	coja Vd.	cogería
cojamos	cogiéramos (-semos)	cojamos	cogeríamos
cojáis	cogierais (-seis)	coged (no cojáis)	cogeríais
cojan	cogieran (-sen)	cojan Vds.	cogerían

infinitivo: coger   **gerundio:** cogiendo   **participio:** cogido

Zweite Konjugation

creer *glauben*
Unbetontes **i** zwischen zwei Vokalen wird zu **y**

Indicativo

presente	imperfecto	pret. indef.	futuro
creo	creía	creí	creeré
crees	creías	creíste	creerás
cree	creía	creyó	creerá
creemos	creíamos	creímos	creeremos
creéis	creíais	creísteis	creeréis
creen	creían	creyeron	creerán

Subjuntivo / Imperativo

presente	imperfecto	Imperativo	condicional
crea	creyera (-se)	–	creería
creas	creyeras (-ses)	cree (no creas)	creerías
crea	creyera (-se)	crea Vd.	creería
creamos	creyéramos (-semos)	creamos	creeríamos
creáis	creyerais (-seis)	creed (no creáis)	creeríais
crean	creyeran (-sen)	crean Vds.	creerían

infinitivo: creer   **gerundio:** creyendo   **participio:** creido

hacer *machen*

Indicativo

presente	imperfecto	pret. indef.	futuro
hago	hacía	hice	haré
haces	hacías	hiciste	harás
hace	hacía	hizo	hará
hacemos	hacíamos	hicimos	haremos
hacéis	hacíais	hicisteis	haréis
hacen	hacían	hicieron	harán

Subjuntivo / Imperativo

presente	imperfecto	Imperativo	condicional
haga	hiciera (-se)	–	haría
hagas	hicieras (-ses)	haz (no hagas)	harías
haga	hiciera (-se)	haga Vd.	haría
hagamos	hiciéramos (-semos)	hagamos	haríamos
hagáis	hicierais (-seis)	haced (no hagáis)	haríais
hagan	hicieran (-sen)	hagan Vds.	harían

infinitivo: hacer   **gerundio:** haciendo   **participio:** hecho

Zweite Konjugation

merecer *verdienen*
Stammauslaut **c** wird vor **a** und **o** zu **zc**

Indicativo

presente	imperfecto	pret. indef.	futuro
merezco	merecía	merecí	mereceré
mereces	merecías	mereciste	merecerás
merece	merecía	mereció	merecerá
merecemos	merecíamos	merecimos	mereceremos
merecéis	merecíais	merecisteis	mereceréis
merecen	merecían	merecieron	merecerán

Subjuntivo

Imperativo

presente	imperfecto		condicional
merezca	mereciera (-se)	–	merecería
merezcas	merecieras (-ses)	merece (no merezcas)	merecerías
merezca	mereciera (-se)	merezca Vd.	merecería
merezcamos	mereciéramos (-semos)	merezcamos	mereceríamos
merezcáis	merecierais (-seis)	mereced (no merezcáis)	mereceríais
merezcan	merecieran (-sen)	merezcan Vds.	merecerían

infinitivo: merecer   **gerundio:** mereciendo   **participio:** merecido

mover *bewegen*
Betontes Stamm-**o** wird zu **ue**

Indicativo

presente	imperfecto	pret. indef.	futuro
muevo	movía	moví	moveré
mueves	movías	moviste	moverás
mueve	movía	movió	moverá
movemos	movíamos	movimos	moveremos
movéis	movíais	movisteis	moveréis
mueven	movían	movieron	moverán

Subjuntivo

Imperativo

presente	imperfecto		condicional
mueva	moviera (-se)	–	movería
muevas	movieras (-ses)	mueve (no muevas)	moverías
mueva	moviera (-se)	mueva Vd.	movería
movamos	moviéramos (-semos)	movamos	moveríamos
mováis	movierais (-seis)	moved (no mováis)	moveríais
muevan	movieran (-sen)	muevan Vds.	moverían

infinitivo: mover   **gerundio:** moviendo   **participio:** movido

oler *riechen*
Am Anfang des Wortes stehendes betontes Stamm-**o** wird zu **hue**

Indicativo

presente	imperfecto	pret. indef.	futuro
huelo	olía	olí	oleré
hueles	olías	oliste	olerás
huele	olía	olió	olerá
olemos	olíamos	olimos	oleremos
oléis	olíais	olisteis	oleréis
huelen	olían	olieron	olerán

Subjuntivo / Imperativo

presente	imperfecto	Imperativo	condicional
huela	oliera (-se)	–	olería
huelas	olieras (ses)	huele (no huelas)	olerías
huela	oliera (-se)	huela Vd.	olería
olamos	oliéramos (-semos)	olamos	oleríamos
oláis	olierais (-seis)	oled (no oláis)	oleríais
huelan	olieran (-sen)	huelan Vds.	olerían

infinitivo: oler   **gerundio:** oliendo   **participio:** olido

perder *verlieren*
Betontes Stamm-**e** wird zu **ie**

Indicativo

presente	imperfecto	pret. indef.	futuro
pierdo	perdía	perdí	perderé
pierdes	perdías	perdiste	perderás
pierde	perdía	perdió	perderá
perdemos	perdíamos	perdimos	perderemos
perdéis	perdíais	perdisteis	perderéis
pierden	perdían	perdieron	perderán

Subjuntivo / Imperativo

presente	imperfecto	Imperativo	condicional
pierda	perdiera (-se)	–	perdería
pierdas	perdieras (-ses)	pierde (no pierdas)	perderías
pierda	perdiera (-se)	pierda Vd.	perdería
perdamos	perdiéramos (-semos)	perdamos	perderíamos
perdáis	perdierais (-seis)	perded (no perdáis)	perderíais
pierdan	perdieran (-sen)	pierdan Vds.	perderían

infinitivo: perder   **gerundio:** perdiendo   **participio:** perdido

Zweite Konjugation

poder *können*

Indicativo

presente	imperfecto	pret. indef.	futuro
puedo	podía	pude	podré
puedes	podías	pudiste	podrás
puede	podía	pudo	podrá
podemos	podíamos	pudimos	podremos
podéis	podíais	pudisteis	podréis
pueden	podían	pudieron	podrán

Subjuntivo / Imperativo

presente	imperfecto	Imperativo	condicional
pueda	pudiera (-se)	–	podría
puedas	pudieras (-ses)	puede (no puedas)	podrías
pueda	pudiera (-se)	pueda Vd.	podría
podamos	pudiéramos (-semos)	podamos	podríamos
podáis	pudierais (-seis)	poded (no podáis)	podríais
puedan	pudieran (-sen)	puedan Vds.	podrían

infinitivo: poder **gerundio:** pudiendo **participio:** podido

poner *setzen*

Indicativo

presente	imperfecto	pret. indef.	futuro
pongo	ponía	puse	pondré
pones	ponías	pusiste	pondrás
pone	ponía	puso	pondrá
ponemos	poníamos	pusimos	pondremos
ponéis	poníais	pusisteis	pondréis
ponen	ponían	pusieron	pondrán

Subjuntivo / Imperativo

presente	imperfecto	Imperativo	condicional
ponga	pusiera (-se)	–	pondría
pongas	pusieras (-ses)	pon (no pongas)	pondrías
ponga	pusiera (-se)	ponga Vd.	pondría
pongamos	pusiéramos (-semos)	pongamos	pondríamos
pongáis	pusierais (-seis)	poned (no pongáis)	pondríais
pongan	pusieran (-sen)	pongan Vds.	pondrían

infinitivo: poner **gerundio:** poniendo **participio:** puesto

Zweite Konjugation

querer *wollen, mögen*

Indicativo

presente	imperfecto	pret. indef.	futuro
quiero	quería	quise	querré
quieres	querías	quisiste	querrás
quiere	quería	quiso	querrá
queremos	queríamos	quisimos	querremos
queréis	queríais	quisisteis	querréis
quieren	querían	quisieron	querrán

Subjuntivo

presente	imperfecto	Imperativo	condicional
quiera	quisiera (-se)	–	querría
quieras	quisieras (-ses)	quiere (no quieras)	querrías
quiera	quisiera (-se)	quiera Vd.	querría
queramos	quisiéramos (-semos)	queramos	querríamos
queráis	quisierais (-seis)	quered (no queráis)	querríais
quieran	quisieran (-sen)	quieran Vds.	querrían

infinitivo: querer **gerundio:** queriendo **participio:** querido

saber *wissen*

Indicativo

presente	imperfecto	pret. indef.	futuro
sé	sabía	supe	sabré
sabes	sabías	supiste	sabrás
sabe	sabía	supo	sabrá
sabemos	sabíamos	supimos	sabremos
sabéis	sabíais	supisteis	sabréis
saben	sabían	supieron	sabrán

Subjuntivo

presente	imperfecto	Imperativo	condicional
sepa	supiera (-se)	–	sabría
sepas	supieras (-ses)	sabe (no sepas)	sabrías
sepa	supiera (-se)	sepa Vd.	sabría
sepamos	supiéramos (-semos)	sepamos	sabríamos
sepáis	supierais (-seis)	sabed (no sepáis)	sabríais
sepan	supieran (-sen)	sepan Vds.	sabrían

infinitivo: saber **gerundio:** sabiendo **participio:** sabido

Zweite Konjugation

tañer *(Instrument) spielen*
Unbetontes **i** nach **ñ** entfällt

Indicativo

presente	imperfecto	pret. indef.	futuro
taño	tañía	tañí	tañeré
tañes	tañías	tañiste	tañerás
tañe	tañía	tañó	tañerá
tañemos	tañíamos	tañimos	tañeremos
tañéis	tañíais	tañisteis	tañeréis
tañen	tañían	tañeron	tañerán

Subjuntivo

Imperativo

presente	imperfecto		condicional
taña	tañera (-se)	–	tañería
tañas	tañeras (-ses)	tañe (no tañas)	tañerías
taña	tañera (-se)	taña Vd.	tañería
tañamos	tañéramos (-semos)	tañamos	tañeríamos
tañáis	tañerais (-seis)	tañed (no tañáis)	tañeríais
tañan	tañeran (-sen)	tañan Vds.	tañerían

infinitivo: tañer **gerundio:** tañendo **participio:** tañido

tener *haben*

Indicativo

presente	imperfecto	pret. indef.	futuro
tengo	tenía	tuve	tendré
tienes	tenías	tuviste	tendrás
tiene	tenía	tuvo	tendrá
tenemos	teníamos	tuvimos	tendremos
tenéis	teníais	tuvisteis	tendréis
tienen	tenían	tuvieron	tendrán

Subjuntivo

imperativo

presente	imperfecto		condicional
tenga	tuviera (tuviese)	–	tendría
tengas	tuvieras (-ses)	ten (no tengas)	tendrías
tenga	tuviera (-se)	tenga Vd.	tendría
tengamos	tuviéramos (-semos)	tengamos	tendríamos
tengáis	tuvierais (-seis)	tened (no tengáis)	tendríais
tengan	tuvieran (-sen)	tengan Vds.	tendrían

infinitivo: tener **gerundio:** teniendo **participio:** tenido

traer *bringen*

Indicativo

presente	imperfecto	pret. indef.	futuro
traigo	traía	traje	traeré
traes	traías	trajiste	traerás
trae	traía	trajo	traerá
traemos	traíamos	trajimos	traeremos
traéis	traíais	trajisteis	traeréis
traen	traían	trajeron	traerán

Subjuntivo

Imperativo

presente	imperfecto		condicional
traiga	trajera (-se)	–	traería
traigas	trajeras (-ses)	trae (no traigas)	traerías
traiga	trajera (-se)	traiga Vd.	traería
traigamos	trajéramos (-semos)	traigamos	traeríamos
traigáis	trajerais (-seis)	traed (no traigáis)	traeríais
traigan	trajeran (-sen)	traigan Vds.	traerían

infinitivo: traer **gerundio:** trayendo **participio:** traído

valer *gelten*

Indicativo

presente	imperfecto	pret. indef.	futuro
valgo	valía	valí	valdré
vales	valías	valiste	valdrás
vale	valía	valió	valdrá
valemos	valíamos	valimos	valdremos
valéis	valíais	valisteis	valdréis
valen	valían	valieron	valdrán

Subjuntivo

Imperativo

presente	imperfecto		condicional
valga	valiera (-se)	–	valdría
valgas	valieras (-ses)	val (no valgas)	valdrías
valga	valiera (-se)	valga Vd.	valdría
valgamos	valiéramos (-semos)	valgamos	valdríamos
valgáis	valierais (-seis)	valed (no valgáis)	valdríais
valgan	valieran (-sen)	valgan Vds.	valdrían

infinitivo: valer **gerundio:** valiendo **participio:** valido

Zweite Konjugation

vencer *besiegen*
Stammauslaut **-c** wird vor **a** und **o** zu **z**

Indicativo

presente	imperfecto	pret. indef.	futuro
venzo	vencía	vencí	venceré
vences	vencías	venciste	vencerás
vence	vencía	venció	vencerá
vencemos	vencíamos	vencimos	venceremos
vencéis	vencíais	vencisteis	venceréis
vencen	vencían	vencieron	vencerán

Subjuntivo / Imperativo

presente	imperfecto	Imperativo	condicional
venza	venciera (-se)	–	vencería
venzas	vencieras (-ses)	vence (no venzas)	vencerías
venza	venciera (-se)	venza Vd.	vencería
venzamos	venciéramos (-semos)	venzamos	venceríamos
venzáis	vencierais (-seis)	venced (no venzáis)	venceríais
venzan	vencieran (-sen)	venzan Vds.	vencerían

infinitivo: vencer   **gerundio:** venciendo   **participio:** vencido

---

ver *sehen*

Indicativo

presente	imperfecto	pret. indef.	futuro
veo	veía	vi	veré
ves	veías	viste	verás
ve	veía	vio	verá
vemos	veíamos	vimos	veremos
veis	veíais	visteis	veréis
ven	veían	vieron	verán

Subjuntivo / Imperativo

presente	imperfecto	Imperativo	condicional
vea	viera (-se)	–	vería
veas	vieras (ses)	ve (no veas)	verías
vea	viera (-se)	vea Vd.	vería
veamos	viéramos (-semos)	veamos	veríamos
veáis	vierais (-seis)	ved (no veáis)	veríais
vean	vieran (-sen)	vean Vds.	verían

infinitivo: ver   **gerundio:** viendo   **participio:** visto

recibir *empfangen, bekommen*

formas simples

Indicativo

presente	imperfecto	pret. indef.	futuro
recibo	recibía	recibí	recibiré
recibes	recibías	recibiste	recibirás
recibe	recibía	recibió	recibirá
recibimos	recibíamos	recibimos	recibiremos
recibís	recibíais	recibisteis	recibiréis
reciben	recibían	recibieron	recibirán

Subjuntivo   Imperativo

presente	imperfecto		condicional
reciba	recibiera (recibiese)	–	recibiría
recibas	recibieras (-ses)	recibe (no recibas)	recibirías
reciba	recibiera (-se)	reciba Vd.	recibiría
recibamos	recibiéramos (-semos)	recibamos	recibiríamos
recibáis	recibierais (-seis)	recibid (no recibáis)	recibiríais
reciban	recibieran (-sen)	reciban Vds.	recibirían

infinitivo: recibir   **gerundio:** recibiendo   **participio:** recibido

formas compuestas

Indicativo

pret. perf.	pluscuamp.	pret. ant.	fut. perf.
he recibido	había recibido	hube recibido	habré recibido
has recibido	habías recibido	hubiste recibido	habrás recibido
ha recibido	había recibido	hubo recibido	habrá recibido
hemos recibido	habíamos recibido	hubimos recibido	habremos recibido
habéis recibido	habíais recibido	hubisteis recibido	habréis recibido
han recibido	habían recibido	hubieron recibido	habrán recibido

Subjuntivo

pret. perf.	pluscuamp.	cond. perf.
haya recibido	hubiera (hubiese) recibido	habría recibido
hayas recibido	hubieras (-ses) recibido	habrías recibido
haya recibido	hubiera (-se) recibido	habría recibido
hayamos recibido	hubiéramos (-semos) recibido	habríamos recibido
hayáis recibido	hubierais (-seis) recibido	habríais recibido
hayan recibido	hubieran (-sen) recibido	habrían recibido

infinitivo perf.: haber recibido   **gerundio perf.:** habiendo recibido

Dritte Konjugation

adquirir *erwerben*
Betontes Stamm-**i** wird zu **ie**

Indicativo

presente	imperfecto	pret. indef.	futuro
adquiero	adquiría	adquirí	adquiriré
adquieres	adquirías	adquiriste	adquirirá
adquiere	adquiría	adquirió	adquirirás
adquirimos	adquiríamos	adquirimos	adquiriremos
adquirís	adquiríais	adquiristeis	adquiriréis
adquieren	adquirían	adquirieron	adquirirán

Subjuntivo

presente	imperfecto	Imperativo	condicional
adquiera	adquiriera (-se)	–	adquiriría
adquieras	adquirieras (-ses)	adquiere (no adquieras)	adquirirías
adquiera	adquiriera (-se)	adquiera Vd.	adquiriría
adquiramos	adquiriéramos (-semos)	adquiramos	adquiriríamos
adquiráis	adquirierais (-seis)	adquirid (no adquiráis)	adquiriríais
adquieran	adquirieran (-sen)	adquieran Vds.	adquirirían

infinitivo: adquirir **gerundio:** adquiriendo **participio:** adquirido

concluir *(ab)schließen*
Fügt in allen Formen, deren Endung nicht mit einem silbenbildenden **i** beginnt, **y** hinter dem Stamm ein.

Indicativo

presente	imperfecto	pret. indef.	futuro
concluyo	concluía	concluí	concluiré
concluyes	concluías	concluiste	concluirás
concluye	concluía	concluyó	concluirá
concluimos	concluíamos	concluimos	concluiremos
concluís	concluíais	concluisteis	concluiréis
concluyen	concluían	concluyeron	concluirán

Subjuntivo

presente	imperfecto	Imperativo	condicional
concluya	concluyera (-se)	–	concluiría
concluyas	concluyeras (-ses)	concluye (no concluyas)	concluirías
concluya	concluyera (-se)	concluya Vd.	concluiría
concluyamos	concluyéramos (-semos)	concluyamos	concluiríamos
concluyáis	concluyerais (-seis)	concluid (no concluyáis)	concluiríais
concluyan	concluyeran (-sen)	concluyan Vds.	concluirían

infinitivo: concluir **gerundio:** concluyendo **participio:** concluido

Dritte Konjugation

conducir *führen*

Der Stammauslaut **c** wird vor **a** und **o** zu **zc**. Unregelmäßiges
pret. indef. auf **-uje**.

Indicativo

presente	imperfecto	pret. indef.	futuro
conduzco	conducía	conduje	conduciré
conduces	conducías	condujiste	conducirás
conduce	conducía	condujo	conducirá
conducimos	conducíamos	condujimos	conduciremos
conducís	conducíais	condujisteis	conduciréis
conducen	conducían	condujeron	conducirán

Subjuntivo   Imperativo

presente	imperfecto		condicional
conduzca	condujera (-se)	–	conduciría
conduzcas	condujeras (-ses)	conduce (no conduzcas)	conducirías
conduzca	condujera (-se)	conduzca Vd.	conduciría
conduzcamos	condujéramos (-semos)	conduzcamos	conduciríamos
conduzcáis	condujerais (-seis)	conducid (no conduzcáis)	conduciríais
conduzcan	condujeran (-sen)	conduzcan Vds.	conducirían

infinitivo: conducir **gerundio:** conduciendo **participio:** conducido

decir *sagen*

Indicativo

presente	imperfecto	pret. indef.	futuro
digo	decía	dije	diré
dices	decías	dijiste	dirás
dice	decía	dijo	dirá
decimos	decíamos	dijimos	diremos
decís	decíais	dijisteis	diréis
dicen	decían	dijeron	dirán

Subjuntivo   Imperativo

presente	imperfecto		condicional
diga	dijera (-se)	–	diría
digas	dijeras (-ses)	di (no digas)	dirías
diga	dijera (-se)	diga Vd.	diría
digamos	dijéramos (-semos)	digamos	diríamos
digáis	dijerais (-seis)	decid (no digáis)	diríais
digan	dijeran (-sen)	digan Vds.	dirían

infinitivo: decir **gerundio:** diciendo **participio:** dicho

Dritte Konjugation

delinquir *straffällig werden*
Stammauslaut **qu** wird vor **a** und **o** zu **c**

Indicativo

presente	imperfecto	pret. indef.	futuro
delinco	delinquía	delinquí	delinquiré
delinques	delinquías	delinquiste	delinquirás
delinque	delinquía	delinquió	delinquirá
delinquimos	delinquíamos	delinquimos	delinquiremos
delinquís	delinquíais	delinquisteis	delinquiréis
delinquen	delinquían	delinquieron	delinquirán

Subjuntivo · Imperativo

presente	imperfecto	Imperativo	condicional
delinca	delinquiera (-se)	–	delinquiría
delincas	delinquieras (-ses)	delinque (no delincas)	delinquirías
delinca	delinquiera (-se)	delinca	delinquiría
delincamos	delinquiéramos (-semos)	delincamos	delinquiríamos
delincáis	delinquierais (-seis)	delinquid (no delincáis)	delinquiríais
delincan	delinquieran (-sen)	delincan Vds.	delinquirían

infinitivo: delinquir   **gerundio:** delinquiendo   **participio:** delinquido

dirigir *lenken*
Stammauslaut **g** wird vor **a** und **o** zu **j**

Indicativo

presente	imperfecto	pret. indef.	futuro
dirijo	dirigía	dirigí	dirigiré
diriges	dirigías	dirigiste	dirigirás
dirige	dirigía	dirigió	dirigirá
dirigimos	dirigíamos	dirigimos	dirigiremos
dirigís	dirigíais	dirigisteis	dirigiréis
dirigen	dirigían	dirigieron	dirigirán

Subjuntivo · Imperativo

presente	imperfecto	Imperativo	condicional
dirija	dirigiera (-se)	–	dirigiría
dirijas	dirigieras (-ses)	dirige (no dirijas)	dirigirías
dirija	dirigiera (-se)	dirija Vd.	dirigiría
dirijamos	dirigiéramos (-semos)	dirijamos	dirigiríamos
dirijáis	dirigierais (-seis)	dirigid (no dirijáis)	dirigiríais
dirijan	dirigieran (-sen)	dirijan Vds.	dirigirían

infinitivo: dirigir   **gerundio:** dirigiendo   **participio:** dirigido

distinguir *unterscheiden*
u nach dem Stammauslaut **g** entfällt vor **a** und **o**

Indicativo

presente	imperfecto	pret. indef.	futuro
distingo	distinguía	distinguí	distinguiré
distingues	distinguías	distinguiste	distinguirás
distingue	distinguía	distinguió	distinguirá
distinguimos	distinguíamos	distinguimos	distinguiremos
distinguís	distinguíais	distinguisteis	distinguiréis
distinguen	distinguían	distinguieron	distinguirán

Subjuntivo

Imperativo

presente	imperfecto		condicional
distinga	distinguiera (-se)	–	distinguiría
distingas	distinguieras (-ses)	distingue (no distingas)	distinguirías
distinga	distinguiera (-se)	distinga Vd.	distinguiría
distingamos	distinguiéramos (-semos)	distingamos	distinguiríamos
distingáis	distinguierais (-seis)	distinguid (no distingáis)	distinguiríais
distingan	distinguieran (-sen)	distingan Vds.	distinguirían

infinitivo: distinguir   **gerundio:** distinguiendo   **participio:** distinguido

dormir *schlafen*

Indicativo

presente	imperfecto	pret. indef.	futuro
duermo	dormía	dormí	dormiré
duermes	dormías	dormiste	dormirás
duerme	dormía	durmió	dormirá
dormimos	dormíamos	dormimos	dormiremos
dormís	dormíais	dormisteis	dormiréis
duermen	dormían	durmieron	dormirán

Subjuntivo

Imperativo

presente	imperfecto		condicional
duerma	durmiera (-se)	–	dormiría
duermas	durmieras (-ses)	duerme (no duermas)	dormirías
duerma	durmiera (-se)	duerma Vd.	dormiría
durmamos	durmiéramos (-semos)	durmamos	dormiríamos
durmáis	durmierais (-seis)	dormid (no durmáis)	dormiríais
duerman	durmieran (-sen)	duerman Vds.	dormirían

infinitivo: dormir   **gerundio:** durmiendo   **participio:** dormido

Dritte Konjugation

erguir *aufrichten*

Indicativo

presente	imperfecto	pret. indef.	futuro
irgo (yergo)	erguía	erguí	erguiré
irgues (yergues)	erguías	erguiste	erguirás
irgue (yergue)	erguía	irguió	erguirá
erguimos	erguíamos	erguimos	erguiremos
erguís	erguíais	erguisteis	erguiréis
irguen (yerguen)	erguían	irguieron	erguirán

Subjuntivo **Imperativo**

presente	imperfecto		condicional
irga (yerga)	Irguiera (-se)	–	erguiría
irgas (yergas)	irguieras (-ses)	irgue (no irgas)	erguirías
irga (yerga)	irguiera (-se)	irga Vd.	erguiría
irgamos (yergamos)	irguiéramos (-semos)	irgamos	erguiríamos
irgáis (yergáis)	irguierais (-seis)	erguid (no irgáis)	erguiríais
irgan (yergan)	irguieran (-sen)	irgan Vds.	erguirían

infinitivo: erguir   **gerundio:** irguiendo   **participio:** erguido

esparcir *(ver)streuen*
Stammauslaut **c** wird vor **a** und **o** in **z** verwandelt

Indicativo

presente	imperfecto	pret. indef.	futuro
esparzo	esparcía	esparcí	esparciré
esparces	esparcías	esparciste	esparcirás
esparce	esparcía	esparció	esparcirá
esparcimos	esparcíamos	esparcimos	esparciremos
esparcís	esparcíais	esparcisteis	esparciréis
esparcen	esparcían	esparcieron	esparcirán

Subjuntivo **Imperativo**

presente	imperfecto		condicional
esparza	esparciera (-se)	–	esparciría
esparzas	esparcieras (-ses)	esparce (no esparzas)	esparcirías
esparza	esparciera (-se)	esparza Vd.	esparciría
esparzamos	esparciéramos (-semos)	esparzamos	esparciríamos
esparzáis	esparcierais (-seis)	esparcid (no esparzáis)	esparciríais
esparzan	esparcieran (-sen)	esparzan Vds.	esparcirían

infinitivo: esparcir   **gerundio:** esparciendo   **participio:** esparcido

Dritte Konjugation

gruñir *grunzen*
Unbetontes **i** entfällt nach **ñ** *)

Indicativo

presente	imperfecto	pret. indef.	futuro
gruño	gruñía	gruñí	gruñiré
gruñes	gruñías	gruñiste	gruñirás
gruñe	gruñía	gruñó	gruñirá
gruñimos	gruñíamos	gruñimos	gruñiremos
gruñís	gruñíais	gruñisteis	gruñiréis
gruñen	gruñían	gruñeron	gruñirán

Subjuntivo / Imperativo

presente	imperfecto	Imperativo	condicional
gruña	gruñera (-se)	–	gruñiría
gruñas	gruñeras (-ses)	gruñe (no gruñas)	gruñirías
gruña	gruñera (-se)	gruña Vd.	gruñiría
gruñamos	gruñéramos (-semos)	gruñamos	gruñiríamos
gruñáis	gruñerais (-seis)	gruñid (no gruñáis)	gruñiríais
gruñan	gruñeran (-sen)	gruñan Vds.	gruñirían

infinitivo: gruñir **gerundio:** gruñendo **participio:** gruñido

ir *gehen*

Indicativo

presente	imperfecto	pret. indef.	futuro
voy	iba	fui	iré
vas	ibas	fuiste	irás
va	iba	fue	irá
vamos	íbamos	fuimos	iremos
vais	ibais	fuisteis	iréis
van	iban	fueron	irán

Subjuntivo / Imperativo

presente	imperfecto	Imperativo	condicional
vaya	fuera (-se)	–	iría
vayas	fueras (-ses)	ve (no vayas)	irías
vaya	fuera (-se)	vaya Vd.	iría
vayamos	fuéramos (-semos)	vamos (no vayamos)	iríamos
vayáis	fuerais (-seis)	id (no vayáis)	iríais
vayan	fueran (-sen)	vayan Vds.	irían

infinitivo: ir **gerundio:** yendo **participio:** ido

Dritte Konjugation

*) Ebenso nach **ch** und **ll**: **henchir** *füllen*: **hinchó, hincheron, hinchendo;**
mullir *auflockern*: **mulló, mulleron, mullendo**

lucir *leuchten*
Stammauslaut **c** wird vor **a** und **o** zu **zc**

Indicativo

presente	imperfecto	pret. indef.	futuro
luzco	lucía	lucí	luciré
luces	lucías	luciste	lucirás
luce	lucía	lució	lucirá
lucimos	lucíamos	lucimos	luciremos
lucís	lucíais	lucisteis	luciréis
lucen	lucían	lucieron	lucirán

Subjuntivo   Imperativo

presente	imperfecto		condicional
luzca	luciera (-se)	–	luciría
luzcas	lucieras (-ses)	luce (no luzcas)	lucirías
luzca	luciera (-se)	luzca Vd.	luciría
luzcamos	luciéramos (-semos)	luzcamos	luciríamos
luzcáis	lucierais (-seis)	lucid (no luzcáis)	luciríais
luzcan	lucieran (-sen)	luzcan Vds.	lucirían

infinitivo: lucir **gerundio:** luciendo **participio:** lucido

medir *messen*

Indicativo

presente	imperfecto	pret. indef.	futuro
mido	medía	medí	mediré
mides	medías	mediste	medirás
mide	medía	midió	medirá
medimos	medíamos	medimos	mediremos
medís	medíais	medisteis	mediréis
miden	medían	midieron	medirán

Subjuntivo   Imperativo

presente	imperfecto		condicional
mida	midiera (-se)	–	mediría
midas	midieras (-ses)	mide (no midas)	medirías
mida	midiera (-se)	mida Vd.	mediría
midamos	midiéramos (-semos)	midamos	mediríamos
midáis	midierais (-seis)	medid (no midáis)	mediríais
midan	midieran (-sen)	midan Vds.	medirían

infinitivo: medir **gerundio:** midiendo **participio:** medido

oír _hören_

Indicativo

presente	imperfecto	pret. indef.	futuro
oigo	oía	oí	oiré
oyes	oías	oíste	oirás
oye	oía	oyó	oirá
oímos	oíamos	oímos	oiremos
oís	oíais	oísteis	oiréis
oyen	oían	oyeron	oirán

Subjuntivo

presente	imperfecto	Imperativo	condicional
oiga	oyera (-se)	–	oiría
oigas	oyeras (-ses)	oye (no oigas)	oirías
oiga	oyera (-se)	oiga Vd.	oiría
oigamos	oyéramos (-semos)	oigamos	oiríamos
oigáis	oyerais (-seis)	oíd (no oigáis)	oiríais
oigan	oyeran (-sen)	oigan Vds.	oirían

infinitivo: oír **gerundio:** oyendo **participio:** oído

reír _lachen_

Indicativo

presente	imperfecto	pret. indef.	futuro
río	reía	reí	reiré
ríes	reías	reíste	reirás
ríe	reía	rió	reirá
reímos	reíamos	reímos	reiremos
reís	reíais	reísteis	reiréis
rien	reían	rieron	reirán

Subjuntivo

presente	imperfecto	Imperativo	condicional
ría	riera (-se)	–	reiría
rías	rieras (-ses)	ríe (no rías)	reirías
ría	riera (-se)	ría Vd.	reiría
riamos	riéramos (-semos)	riamos	reiríamos
riáis	rierais (-seis)	reíd (no riáis)	reiríais
rían	rieran (-sen)	rían Vds.	reirían

infinitivo: reír **gerundio:** riendo **participio:** reído

Dritte Konjugation

salir *ausgehen*

Indicativo

presente	imperfecto	pret. indef.	futuro
salgo	salía	salí	saldré
sales	salías	saliste	saldrás
sale	salía	salió	saldrá
salimos	salíamos	salimos	saldremos
salís	salíais	salisteis	saldréis
salen	salían	salieron	saldrán

Subjuntivo · Imperativo

presente	imperfecto	Imperativo	condicional
salga	saliera (-se)	–	saldría
salgas	salieras (-ses)	sal (no salgas)	saldrías
salga	saliera (-se)	salga Vd.	saldría
salgamos	saliéramos (-semos)	salgamos	saldríamos
salgáis	salierais (-seis)	salid (no salgáis)	saldríais
salgan	salieran (-sen)	salgan Vds.	saldrían

infinitivo: salir   **gerundio:** saliendo   **participio:** salido

---

sentir *fühlen*

Indicativo

presente	imperfecto	pret. indef.	futuro
siento	sentía	sentí	sentiré
sientes	sentías	sentiste	sentirás
siente	sentía	sintió	sentirá
sentimos	sentíamos	sentimos	sentiremos
sentís	sentíais	sentisteis	sentiréis
sienten	sentían	sintieron	sentirán

Subjuntivo · Imperativo

presente	imperfecto	Imperativo	condicional
sienta	sintiera (-se)	–	sentiría
sientas	sintieras (-ses)	siente (no sientas)	sentirías
sienta	sintiera (-se)	sienta Vd.	sentiría
sintamos	sintiéramos (-semos)	sintamos	sentiríamos
sintáis	sintierais (-seis)	sentid (no sintáis)	sentiríais
sientan	sintieran (-sen)	sientan Vds.	sentirían

infinitivo: sentir   **gerundio:** sintiendo   **participio:** sentido

Dritte Konjugation

venir *kommen*

Indicativo

presente	imperfecto	pret. indef.	futuro
vengo	venía	vine	vendré
vienes	venías	viniste	vendrás
viene	venía	vino	vendrá
venimos	veníamos	vinimos	vendremos
venís	veníais	vinisteis	vendréis
vienen	venían	vinieron	vendrán

Subjuntivo

Imperativo

presente	imperfecto		condicional
venga	viniera (-se)	–	vendría
vengas	vinieras (-ses)	ven (no vengas)	vendrías
venga	viniera (-se)	venga Vd.	vendría
vengamos	viniéramos (-semos)	vengamos	vendríamos
vengáis	vinierais (-seis)	venid (no vengáis)	vendríais
vengan	vinieran (-sen)	vengan Vds.	vendrían

infinitivo: venir **gerundio:** viniendo **participio:** venido

Dritte Konjugation

Unvollständige Verben

abolir *abschaffen* — Gebräuchlich sind nur Formen, deren Endung mit **i** beginnt. **presente de indicativo:** abolimos, abolís **imperfecto de indicativo, pret. indef., futuro, condicional, imperfecto de subjuntivo, gerundio, participio** regelmäßig (s. S. 27 – recibir)

concernir *betreffen* — **presente de indicativo:** concierne, conciernen **imperfecto de indicativo:** concernía, concernían **presente de subjuntivo:** concierna, conciernan **gerundio:** concerniendo – in allen anderen Zeiten nur selten gebraucht (s. S. 43 – sentir)

placer *gefallen* — Wird fast nur in der 3. Person Singular gebraucht. **presente de indicativo:** place **imperfecto de indicativo:** placía **pret. indef.:** plugo *(od.* plació), pluguieron *(od.* placieron) **presente de subjuntivo:** plegue *(od.* plega *od.* plazca) **imperfecto de subjuntivo:** pluguiera *(od.* placiera) bzw. pluguiese *(od.* placiese)

soler *pflegen (zu)* — **presente de indicativo:** suelo, sueles, suele, solemos, soléis, suelen **imperfecto de indicativo:** solía, solías, solía, solíamos, solíais, solían **pret. indef.:** solí, soliste, solió, solimos, solisteis, solieron **presente de subjuntivo:** suela, suelas, suela, solamos, soláis, suelan **gerundio:** soliendo **participio:** solido

yacer *liegen* — Wird heute nur noch in folgenden Formen gebraucht: **presente de indicativo:** yace, yacen **imperfecto de indicativo:** yacía, yacían **gerundio:** yaciendo

Das reflexive Verb

formas simples

Indicativo

presente	**imperfecto**	**pret. indef.**	**futuro**
me lavo	me lavaba	me lavé	me lavaré
te lavas	te lavabas	te lavaste	te lavarás
se lava	se lavaba	se lavó	se lavará
nos lavamos	nos lavábamos	nos lavamos	nos lavaremos
os laváis	os lavabais	os lavasteis	os lavaréis
se lavan	se lavaban	se lavaron	se lavarán

Subjuntivo

		Imperativo	
presente	**imperfecto**		**condicional**
me lave	me lavara (lavase)	–	me lavaría
te laves	te lavaras (-ses)	lávate	te lavarías
se lave	se lavara (-se)	lávese Vd.	se lavaría
nos lavemos	nos laváramos (-semos)	lavémonos	nos lavaríamos
os lavéis	os lavarais (-seis)	lavaos	os lavaríais
se laven	se lavaran (-sen) lávate	lávense Vds.	se lavarían

infinitivo: lavarse   **gerundio:** lavándose

formas compuestas

Indicativo

pret. perf.	**pluscuamp.**	**pret. ant.**	**fut. perf.**
me he lavado	me había lavado	me hube lavado	me habré lavado
te has lavado	te habías lavado	te hubiste lavado	te habrás lavado
se ha lavado	se había lavado	se hubo lavado	se habrá lavado
nos hemos lavado	nos habíamos lavado	nos hubimos lavado	nos habremos lavado
os habéis lavado	os habíais lavado	os hubisteis lavado	os habréis lavado
se han lavado	se habían lavado	se hubieron lavado	se habrán lavado

Subjuntivo

pret. perf.	**pluscuamp.**	**cond. perf.**
me haya lavado	me hubiera (hubiese) lavado	me habría lavado
te hayas lavado	te hubieras (-ses) lavado	te habrías lavado
se haya lavado	se hubiera (-se) lavado	se habría lavado
nos hayamos lavado	nos hubiéramos (-semos) lavado	nos habríamos lavado
os hayáis lavado	os hubierais (-seis) lavado	os habríais lavado
se hayan lavado	se hubieran (-sen) lavado	se habrían lavado

infinitivo perf.: haberse lavado   **gerundio perf.:** habiéndose lavado

Das Passiv

Indicativo

presente _____ soy invitado, -a   *ich werde eingeladen*
somos invitados, -as

imperfecto ____ era invitado, -a   *ich war eingeladen*
éramos invitados, -as

pret. indef. ____ fui invitado, -a   *ich wurde eingeladen*
fuimos invitados, -as

pret. perf._____ he sido invitado, -a   *ich bin eingeladen worden*
hemos sido invitados, -as

pluscuamp. ____ había sido invitado, -a   *ich war eingeladen worden*
habíamos sido invitados, -as

pret. ant. _____ hube sido invitado, -a   *ich war eingeladen worden*
hubimos sido invitados, -as

futuro _____ seré invitado, -a   *ich werde eingeladen werden*
seremos invitados, -as

fut. perf. _____ habré sido invitado, -a   *ich werde eingeladen worden sein*
habremos sido invitados, -as

condicional ____ sería invitado, -a   *ich würde eingeladen werden*
seríamos invitados, -as

cond. perf. ____ habría sido invitado, -a   *ich würde eingeladen worden sein*
habríamos sido invitados, -as

infinitivo _____ ser invitado, -a   *eingeladen sein/werden*

infinitivo perf. haber sido invitado, -a   *eingeladen worden sein*

gerundio _____ siendo invitado, -a   *da/nachdem ich eingeladen bin/war*

gerundio perf. habiendo sido invitado, -a   *da/nachdem ich eingeladen*
worden war

Subjuntivo

presente _____ sea invitado, -a   *ich sei eingeladen*
seamos invitados, -as

imperfecto _____ fuera (fuese) invitado, -a   *ich wäre eingeladen*
fuéramos (fuésemos) invitados, -as

pret. perf._____ haya sido invitado, -a   *ich sei eingeladen worden*
hayamos sido invitados, -as

pluscuamp. _____ hubiera (hubiese) sido invitado, -a   *ich wäre eingeladen worden*
hubiéramos (hubiésemos) sido invitados, -as

Rektion der spanischen Verben

a. c. = alguna cosa etwas – **ac. = acusativo** Akkusativ
alg. = alguien jemand – **inf. = infinitivo** Infinitiv

abstenerse de + inf.	sich einer Sache enthalten, verzichten
abusar de a. c./alg.	etw./j-n missbrauchen
acabar con a. c./alg.	etw./j-n vernichten, vertilgen
~ **de** + inf.	soeben (vollends) etw. getan haben
~ **por** + inf.	schließlich etw. tun
~ + gerundio	schließlich tun/geschehen
acertar con a. c./alg.	eine gute Wahl mit etw./j-m treffen
acordarse de a. c./alg.	sich an etw./j-n erinnern
acostumbrarse a a. c/alg.	sich an etw./j-n gewöhnen
~ **a** + inf.	sich daran gewöhnen, etwas zu tun
admirarse de/ante/por a. c.	über etw. staunen
agradecer a. c. **a** alg. **quedar agradecido a** alg. **por** a. c. }	j-m für etw. danken
alegrarse de/con/por a. c.	sich über etw. freuen
amenazar a alg.	j-m drohen
~ **con** a. c.	mit etwas drohen
andar + gerundio	wiederholt etw. tun, ständig …
~ + participio	getan sein, geworden sein
aprovecharse de a. c./alg.	ausnutzen
arrepentirse de a. c.	etw. bereuen
asistir a alg.	j-m beistehen
~ **a**	teilnehmen an
asomarse a	sich hinaus lehnen
asustarse de/por a. c.	vor etw. erschrecken; sich vor etw. fürchten
atreverse a a. c.	sich an etw. heranwagen, sich trauen
~ **a** + inf.	sich trauen, etw. zu tun
~ **con** a. c./alg.	es mit j-m/etw. aufnehmen
ayudar a. c. **a** alg.	j-m helfen
~ **a** + inf.	(dazu) beitragen, etw. zu tun
bajar por la escalera	die Treppe hinuntergehen
bastar con a. c.	genügen
¡**basta de** bromas!	genug gescherzt!
burlarse de a. c./alg.	sich über etw./j-n lustig machen
caer en a. c.	einfallen, auf etw. kommen
cambia a. c. **por/con** otra	etw. gegen etw. anderes vertauschen od. auswechseln
~ **de** a. c.	etw. wechseln (z. B. ~ **de** asiento den Platz wechseln)
~ **de** tren	umsteigen

cambiarse de **ropa** _____	sich umziehen
casarse con **alg.**_____	j-n heiraten
coger a **alg.** de. **la mano**_____	j-n an der Hand nehmen
comenzar a + inf. _____	anfangen zu
~ **por** a. c./**alg.** _____	mit etw./j-m anfangen
componerse de _____	bestehen aus
concentrarse en a. c./**alg.**_____	sich auf etw./j-n konzentrieren
confiar en a. c./**alg.** _____	auf etw./j-n vertrauen
conseguir + inf. _____	erreichen zu tun, schließen können
consentir en a. c. _____	etw. zustimmen
consistir en a. c._____	bestehen aus
constar de_____	bestehen aus
contar con **alg.** _____	auf j-n zählen
~ **con** a. c. _____	über etw. verfügen, etw. aufweisen
contestar a **una pregunta**_____	eine Frage beantworten
~ a **alg.** _____	j-m antworten
continuar + gerundio _____	weiterhin tun/sein
contradecir a **alg.**_____	j-m widersprechen
convenir con **alg.** en a. c. _____	mit j-m etw. vereinbaren, mit j-m über etw. einig werden
convidar a **alg.** a a. c. _____	einladen
corregirse de a. c. _____	etw. (Fehler) ablegen
creer en a. c./l**alg.** _____	an etw./j-n glauben
cuidar a **alg.** _____	j-n pflegen
~ **de** a. c./**alg.** _____	für etw./j-n sorgen
cumplir con a. c./**alg.**_____	etw. (z. B. Pflicht) erfüllen, vor j-m seine Pflicht erfüllen
deber de + inf. _____	vermutlich sein/tun
dar las gracias a **alg. por** a. c. _____	j-m für etw. danken
darle a **uno por** + inf._____	in den Sinn kommen zu
deberse a a. c. _____	auf etw. zurückzuführen sein
decidirse en **favor de alg.**_____	sich für j-n entscheiden
~ **por** a. c./**alg.** _____	sich für etw./j-n entscheiden
~ a + inf. _____	sich entschließen, etw. zu tun
dedicarse a a. c. _____	sich etw. widmen
dejar de + inf. _____	aufhören, etw. zu tun
no ~ **de** + inf. _____	nicht unterlassen, etw. zu tun
~ + participio _____	etwas vollständig getan haben
~**se** de a. c._____	etw. einstellen, einer Sache entsagen
~**se** de **rodeos**_____	keine Umschweife machen
desconfiar de a. c./**alg.** _____	etw./j-m misstrauen, an j-m zweifeln
descuidarse de a. c._____	etw. vernachlässigen, sich nicht um etw. kümmern
disculparse con **alg.** de/por a. c.____	sich bei j-m wegen etw. entschuldigen

disfrazarse de _____	sich verkleiden als
disfrutar de a. c. _____	etw. genießen
disponer de a. c./alg. _____	über etw./j-n verfügen
dudar de a. c./alg. _____	an etw./j-m zweifeln
echar(se) a + inf. _____	anfangen zu + Verb
empeñarse en + inf. _____	(hartnäckig) darauf bestehen, etw. zu tun
empezar a + inf. _____	anfangen zu + Verb
~ **por/con** _____	mit etw./j-m anfangen
enamorarse de alg. _____	sich in j-n verlieben
encargarse de a. c. _____	etw. übernehmen
encontrar a alg. _____	j-m begegnen
~**se** con a. c. _____	etw. vorfinden
enterarse de a. c. _____	sich über etw. unterrichten, etw. erfahren
equivocarse de _____	verwechseln
esforzarse en/por hacer a. c. _____	sich um etw. bemühen
estar + gerundio _____	gerade etw. tun, im Begriff sein zu tun
~ + participio _____	getan haben, gemacht/geworden sein
~ **para** + inf. _____	kurz davor sein, etw. zu tun
~ **por** + inf. _____	noch getan werden müssen
~ **sin** + inf. _____	noch nicht getan sein, nicht tun
faltar a a. c. _____	bei etw. (Termin, Sitzung) fehlen; z. B. etw. nicht einhalten
~ **por** + inf. _____	noch zu erledigen sein
fijarse en a. c./alg. _____	achten auf; j-n gewahr werden, bemerken
gozar de a. c. _____	etw. genießen
haber que + inf. _____	müssen, man muss
~ **de** + inf. _____	müssen
hacerse de rogar _____	sich bitten (nötigen) lassen
inscribirse en _____	sich eintragen, sich einschreiben
insistir en a. c. _____	auf etw. bestehen
ir a _____	nach/in gehen, fahren
~ **de** fiesta/vacaciones/copas... _	feiern/in Urlaub fahren/etw. trinken gehen
~ **para** viejo _____	alt werden
~ + gerundio _____	immer mehr, nach und nach, allmählich + Verb
~ + participio _____	(abgeschlossenes Passiv)
~ **a** + inf. _____	etw. machen werden/sollen
jactarse de _____	mit etw. angeben
jugar a a. c. _____	spielen (Sport, Spiel ...)
liarse a + inf. _____	an e-r komplizierten Sache herumbasteln
~ **con** alg. _____	ein Verhältnis mit j-m haben
limitar con _____	angrenzen an
llamar de tú a alg. _____	j-n duzen

llegar a a. c._____	etw. erreichen
~ a + inf. _____	schließlich/endlich + Verb
llevar + gerundio_____	etw. schon seit … tun, getan haben
~ + participio _____	schon getan haben, etw. fertig getan haben
meterse en a. c. _____	sich hineinbegeben, sich beschäftigen, sich einmischen
~ a + inf. _____	anfangen, sich anschicken etw. zu tun
negarse a + inf. _____	sich weigern zu
oler a _____	nach etw. riechen
olvidar a. c./a alg._____	etw./j-n vergessen
~se de a. c./alg. _____	etw./j-n vergessen
~se de + inf._____	vergessen, etw. zu tun
parar de + inf. _____	aufhören, etw. zu tun
parecerse a a. c./alg._____	einer Sache/j-m ähnlich sein, gleichen
participar en a. c. _____	teilnehmen an
partir para **(España)** _____	abreisen nach (Spanien)
pasar a + inf._____	dazu übergehen, etw. zu tun
~ por alg. _____	durchgehen als
~ por **Madrid** _____	über Madrid reisen od. fahren
~ por a. c. _____	etw. erdulden, hinnehmen
poder ~ sin a. c._____	etw. entbehren können, ohne etw. auskommen
pedir a. c. a alg. _____	j-n um etw. bitten
pensar en a. c./alg. _____	an etw./j-n denken
~(en) + inf. _____	vorhaben, etw. zu tun
perdonar a alg. por a. c. _____	j-m etw. verzeihen
pertenecer a a. c./alg._____	gehören zu
ponerse a + inf. _____	anfangen, sich daranmachen
~ en **camino** para _____	sich auf den Weg machen nach
preceder a alg. _____	j-m vorangehen, den Vorrang vor j-m haben
preguntar por a. c./alg. _____	nach etw./j-m fragen
quedar con alg. _____	sich mit j-m verabreden
~ en + inf. _____	etw. vereinbaren
+ gerundio _____	etw. weiterhin/in Zukunft tun
~ + participio _____	(Folge eines Passivvorganges)
~ se sin a. c./alg. _____	etw./j-n nicht mehr haben
~ sin + inf._____	ohne … bleiben, unerledigt sein
recordar a. c. _____	sich an etw. erinnern
~ a alg. _____	sich an j-n erinnern
~ a. c. a alg._____	j-n an etw. erinnern
referirse a a. c./alg. _____	sich auf etw./j-n beziehen
reírse de a. c./alg. _____	über etw./j-n lachen, sich lustig machen

renunciar a a. c. _____	auf etw. verzichten
resignarse con/a _____	sich mit etw. abfinden
responder a (una pregunta etc.)____	antworten auf (eine Frage usw.)
~ **de** a. c./alg. _____	für etw./j-n haften, verantwortlich sein
~ **por** alg. _____	für j-n bürgen
romper a + inf. _____	anfangen zu, ausbrechen in
saber a. c. **de memoria** _____	etw. auswendig wissen
saber a_____	schmecken nach
salir de su casa _____	das Haus verlassen, ausgehen
~ + gerundio_____	plötzlich etw. tun
satisfacer a alg. _____	j-n zufriedenstellen, j-m Genugtuung ver- schaffen
seguir a alg. _____	j-m folgen
~ + gerundio_____	weiter(hin) + Verb
~ + participio _____	noch + Verb, weiter, bleiben
ser + participio _____	werden (Passiv)
~ **de** + inf. _____	es ist zu + Inf., man muss
servir a alg. (ac.)_____	j-m dienen
~ **de** a. c. _____	als etw. dienen
~ **se de** a. c./alg. _____	sich einer Sache (j-s) bedienen
socorrer a alg. _____	j-m helfen
soler + inf. _____	gewöhnlich etw. tun
solicitar a. c. _____	etw. erbitten, sich um etw. bemühen od. bewerben
soñar con a. c./alg. _____	von etw./j-m träumen
sospechar de a. c./alg. _____	j-n einer Sache verdächtigen
tardar (una hora etc.) en + inf._____	(eine Stunde usw.) (lange) Zeit brauchen, bis + Adverbialsatz der Zeit (es dauert noch . . ., bis . . .)
~ **en llegar** _____	(lange) auf sich warten lassen
~ **en volver** _____	lange ausbleiben
no ~ **en** + inf. _____	bald etw. tun
tener + participio _____	etw. fertig getan haben
~ **que** + inf. _____	müssen (Notwendigkeit, Zwang)
terminar + gerundio_____	schließlich tun
~ **de** + inf. _____	nicht mehr tun, aufhören, etwas zu tun
traer + participio _____	getan haben
venir + gerundio _____	seit langem etw. tun
~ **a** + inf. _____	ungefähr betragen
vestir(se) a la moda _____	sich nach der Mode kleiden
~ **de uniforme** _____	Uniform tragen
~ **de blanco** etc._____	weiß usw. gekleidet gehen
volver a + inf. _____	wieder (von neuem) etw. tun

Alphabetische Liste der wichtigsten Verben und unregelmäßigen Verbformen mit deutscher Übersetzung

1. Die hinter dem Verb stehende Zahl bezieht sich auf die Seite. Das Dreieck bei der Zahl gibt an, ob das zugehörige Paradigma auf der oberen (▲) oder unteren (▼) Seitenhälfte dargestellt wird.

2. Bei den unregelmäßigen Verbformen wird auf den zugehörigen Infinitiv verwiesen.

3. Abkürzungen: *a.* = *auch* – *Akt.* = *Aktiv* – *Kond.* = *Konditional* – *Imp.* = *Imperativ* – *Ind.* = *Indikativ* – *jur.* = *juristisch* – *med.* = *medizinisch* – *Part.* = *Partizip* – *od.* = *oder* – *Pers.* = *Person* – *Pass.* = *Passiv* – *Pl.* = *Plural* – *reg.* = *regional* – *s.* = *siehe* – *Sg.* = *Singular* – *Subj.* = *Subjuntivo* – *u.* = *und*

A

abandonar 8   verlassen

abarcar 14 ▼   umfassen, enthalten

abastecer 20 ▲   versorgen

abatir 27   niederreißen, -schlagen

abdicar 14 ▼   abdanken

abierto *s.* **abrir**

abnegar 13 ▼ *u.* 16 ▲   entsagen, verzichten

abogar 13 ▼   1. vertreten (vor Gericht), 2. unterstützen

abolir 38   abschaffen

aborrecer 20   verabscheuen

abrazar 11 ▲   umarmen

abreviar 8   abkürzen

abrigar 13 ▼   (be)schützen (vor Witterung)

abrir 27 (*Part.* **abierto**)   öffnen

abrochar 8   zuknöpfen, -haken, -schnallen

abrogar 13 ▼   aufheben, außer Kraft setzen

absolver 17 ▲   entbinden von

absorber 16   ein-, aufsaugen

abstenerse 24   verzichten, sich enthalten

abstraer 25 ▲   abziehen, abstrahieren

absuelto *s.* **absolver**

absuelvo *s.* **absolver**

aburrir 27   langweilen

acabar 8   beenden

acaecer 20 ▲   vorkommen, sich ereignen

acallar 8   zum Schweigen bringen, beschwichtigen

acariciar 8   streicheln

acceder 16   1. zustimmen, 2. Zugang haben

acentuar 9 ▲   betonen, hervorheben

aceptar 8   annehmen, akzeptieren

acercar 14 ▼   heranbringen, nähern

acertar 14 ▲   erraten, finden

acierto *s.* **acertar**

acoger 18 ▼   aufnehmen, empfangen

acometer 16   1. angreifen, anfallen, 2. herangehen, in Angriff nehmen

acompañar 8   begleiten

aconsejar 8   raten

acontecer 20 ▲   geschehen, sich ereignen

acopiar 8   anhäufen, ansammeln

acorazar 11 ▲   panzern, sich wappnen gegen

acordar 10 ▼   1. beistimmen, 2. aufeinander abstimmen

acostar 10 ▼   1. zu Bett bringen, 2. anlegen (Schiff)

acrecentar 14 ▲   vermehren, vergrößern

acrecer 20 ▲   vermehren

actuar 9 ▲   1. wirken, tätig sein, handeln, 2. (Rolle) spielen

acuerdo *s.* **acordar**

acuesto *s.* **acostar**

acusar 8   beschuldigen

achacar 14 ▼   zuschreiben, unterstellen

achicar 14 ▼   verkleinern

adelgazar 11 ▲   abnehmen

aderezar 11 ▲   herrichten, zurechtmachen, (Salat) anmachen

adherir 36 ▼   (an)haften, zustimmen, kleben

adjudicar 14 ▼   zuerkennen, zuschlagen (Preis)

admirar 8   bewundern

admitir 27   zugeben

adolecer 20 ▲   erkranken an

adoptar 8   1. adoptieren, 2. sich zu Eigen machen

adormecer 20 ▲   einschläfern

adorar 8   anbeten, verehren

adquiero *s.* **adquirir**

adquirir 28 ▲   erwerben

aducir 29 ▼   anführen

aduje *s.* **aducir**

aduzco *s.* **aducir**

advertir 36 ▼   1. bemerken, 2. aufmerksam machen auf

advierto *s.* **advertir**

advirtió *s.* **advertir**

afianzar 11 ▲   1. befestigen, 2. bürgen für

afligir 30 ▼   betrüben, quälen, heimsuchen

afluir 28 ▼   einmünden, herbeiströmen

afrontar 8   1. gegenüberstellen, 2. trotzen

agenciar 8   besorgen, beschaffen

agonizar 11 ▲   im Sterben liegen, leiden unter

agorar 9 ▼   (Unheil) voraussagen

agradecer 20 ▲   danken für

agraviar 8   beleidigen, benachteiligen

agregar 13 ▼   beigeben, hinzufügen

agriar 8 *od.* 15   säuern, verbittern

agüero *s.* **agorar**

aguzar 11 ▲   schleifen, (zu)spitzen

ahogar 13 ▼   1. ertränken, erwürgen, 2. auslöschen, unterdrücken

ahorcar 14 ▼   auf-, erhängen

ahorrar 8   sparen

ajusticiar 8   hinrichten

alargar 13 ▼   verlängern

alcanzar 11 ▲   erreichen

alegar 13 ▼   vorbringen, geltend machen

alegrar 8   erfreuen

alejar 8   entfernen, fernhalten

alentar 14 ▲   2. ermutigen, 1. atmen

aliento *s.* **alentar**

alimentar 8   (er)nähren

aliviar 8   erleichtern, lindern

almohazar 11 ▲   striegeln

almorzar 10 ▼ *od.* 11 ▲   zu Mittag essen, *reg.* ein zweites Frühstück einnehmen

almuerzo *s.* **almorzar**

alquilar 8   1. mieten, 2. vermieten

alterar 8   1. (ver)ändern, 2. beunruhigen

altercar 14 ▼   zanken

alternar 8   (ab)wechseln

aludir 27   hinweisen, anspielen auf

alzar 11 ▲   hoch-, empor-, erheben

amanecer 20 ▲   Tag werden

amargar 13 ▼   bitter machen, verbittern

amenazar 11 ▲   (be)drohen

amenguar 12 ▼   beeinträchtigen

amnistiar 15   amnestieren

amontonar 8   anhäufen

amortecer 20 ▲   abtöten, abschwächen

amortiguar 12 ▼   1. abschwächen, 2. mildern

amortizar 11 ▲   1. tilgen, ablösen, 2. abschreiben, 3. gut (aus)nutzen

ampliar 15   erweitern, vergrößern

amplificar 14 ▼   verstärken

analizar 11 ▲   analysieren, untersuchen

anatemizar 11 ▲   mit Kirchenbann belegen, verfluchen

andar 10 ▲   gehen, laufen

anduve *s.* **andar**

anduviera, anduviese *s.* **andar**

animar 8   1. beleben, 2. ermutigen

anochecer 20 ▲   Nacht werden

ansiar 8   ersehnen

anteceder 8   voran-, vorhergehen

anteponer 22 ▼   voranstellen

anunciar 8   1. ankündigen, 2. inserieren

añadir 27   hinzufügen

apacentar 14 ▲   weiden, (Vieh) hüten

apaciento *s.* **apacentar**

apaciguar 12 ▼   beruhigen, besänftigen

apagar 13 ▼   ausschalten, (Hunger, Durst) stillen

aparcar 14 ▼   parken

aparecer 20 ▲   (er)scheinen

apercibir 27   1. vorbereiten, 2. warnen, 3. vorhersehen

apetecer 20 ▲   begehren, Lust haben auf

aplaudir 27   Beifall klatschen

aplazar 11 ▲   verschieben

aplicar 14 ▼   1. auftragen, 2. anwenden

apostar 10 ▼   wetten

apoyar 8   unterstützen

apreciar 8   (wert)schätzen

aprender 16   lernen

apretar 14 ▲   drücken, pressen

aprieto *s.* **apretar**

aprobar 10 ▼   1. gutheißen, 2. bestehen

aprovechar 8   1. (be)nutzen, 2. ausnützen

apruebo *s.* **aprobar**

apuesto *s.* **apostar**

apuntar 8   1. zielen, 2. notieren, aufschreiben

arder 16   brennen

argüir 28 ▼   folgern, schließen (lassen) auf

armonizar 11 ▲   in Einklang bringen

aromatizar 11 ▲   würzen

arrancar 14 ▼   1. aus-, entreißen, 2. anlassen

arreglar 8   1. regeln, in Ordnung bringen, aufräumen, 2. ~**se** sich schön machen

arremeter 16   (verbal) angreifen

arrendar 14 ▲   1. mieten, vermieten, 2. am Zügel festbinden

arrepentirse 36 ▼   bereuen

arrepiento, – **pintió** *s.* **arrepentirse**

arriendo *s.* **arrendar**

arriesgar 13 ▼   riskieren

arrogar 13 ▼   an Kindes statt annehmen

arrojar 8   schleudern, werfen

arrostrar 8   trotzen

arrugar 13 ▼   runzeln, (zer)knittern

ascender 21 ▼   (hinauf)befördern

asciendo *s.* **ascender**

asegurar 8   versichern

asentar 14 ▲   1. setzen, errichten, festigen, 2. glätten, ebnen, 3. ~**se** sich niederlassen

asentir 36 ▼   zustimmen

aserrar 14 ▲   (zer)sägen

asiento *s.* **asentir**

asierro *s.* **aserrar**

asintió *s.* **asentir**

asir 27   (an)fassen, (er)greifen

asistir 27   1. helfen, beistehen, 2. teilnehmen

asociar 10   1. teilnehmen lassen, 2. verbinden, 3. in Verbindung bringen mit

asolar 10 ▼   zerstören, verwüsten

asomar 8   1. sehen lassen, 2. zum Vorschein kommen

asuelo *s.* **asolar**

atacar 14 ▼   angreifen

atardecer 20 ▲   Abend werden

atemorizar 11 ▲   erschrecken, einschüchtern

atender 21 ▼   1. beachten, 2. sich kümmern um

atenerse 24   sich halten an, sich richten nach

atenuar 9 ▲   mildern, abschwächen

aterrizar 11 ▲   landen

aterrorizar 11 ▲   terrorisieren, in Schrecken versetzen

atestar 14 ▲   vollstopfen

atestar 8   bezeugen

atestiguar 12 ▼   bezeugen, attestieren

atiendo *s.* **atender**

atiesto *s.* **atestar**

atosigar 13 ▼   1. drängen, treiben, 2. vergiften

atracar 16 ▼   1. überfallen, 2. anlegen (Schiff)

atraer 25 ▼   anziehen

atravesar 14 ▲   durch-, überqueren

atreverse 16   wagen, sich erdreisten

atribuir 28 ▼   zuschreiben, zuerkennen

aumentar 8   1. vermehren, vergrößern, 2. (an)wachsen

ausentarse 8   1. verreisen, 2. sich entfernen

autorizar 11 ▲   1. bevollmächtigen, 2. genehmigen, berechtigen

auxiliar 8   helfen, beistehen

avanzar 11 ▲   vorwärts gehen, -kommen, vorrücken

avenir 37   einigen, versöhnen

aventar 14 ▲   Luft zuführen, anfachen, (Getreide) aus-, verstreuen
avergonzar 9 ▼ *od.* 11 ▲   1. beschämen, 2. ~**se** sich schämen
avergüenzo *s.* **avergonzar**
averiarse 15   kaputtgehen, defekt werden, havarieren, verderben
averiguar 12 ▼   untersuchen, ermitteln, ergründen
aviento *s.* **aventar**

B

bañar 8   baden, eintauchen
barnizar 11 ▲   glasieren, lackieren
barrer 16   kehren, (weg)fegen
batir 27   1. schlagen, 2. rühren
bautizar 11 ▲   taufen
beber 16   trinken
bendecir 29 ▼ *(Fut., cond., 2. Pers. Imp. Sg. u. Part. regelmäßig; s. S. 27)* 1. segnen, 2. preisen
beneficiar 8   1. wohl tun, nutzen, 2. ~**se de** Nutzen ziehen aus
besar 8   küssen
bifurcarse 14 ▼   sich gabeln
bizcar 14 ▼   schielen
blanquecer 20 ▲   polieren
bostezar 11 ▲   gähnen
bregar 13 ▼   kämpfen, sich plagen mit, schwer arbeiten
brillar 8   glänzen, strahlen
brincar 14 ▼   hüpfen, springen
broncear 8   bräunen, braun werden
brotar 8   keimen, sprießen
bruñir 33 ▲   glätten, polieren
bullir 33 ▲   sieden, sprudeln
buscar 14 ▼   suchen

C

caber 17 ▼   Platz haben, passen
caducar 14 ▼   alt werden, verfallen
caer 18 ▲   fallen
caiga *s.* **caer**
caigo *s.* **caer**
calcar 14 ▼   durchpausen
caldear 8   aufwärmen
calentar 14 ▲   (er)wärmen, (be)heizen

caliento *s.* **calentar**
calificar 14 ▼   kennzeichnen, beurteilen
calumniar 8   verleumden
calzar 11 ▲   (Schuhe) anziehen, tragen, anfertigen
callar 8   schweigen
cambiar 8   wechseln
canalizar 11 ▲   kanalisieren, lenken
caracterizar 11 ▲   1. charakterisieren, kennzeichnen, 2. schildern
carbonizar 11 ▲   verkohlen, karbonisieren
carecer 20 ▲   1. entbehren, 2. fehlen, nicht haben
cargar 13 ▼   1. (be)laden, 2. (schwer) tragen
cascar 14 ▼   1. knacken, 2. sterben
castigar 13 ▼   (be)strafen
cayendo *s.* **caer**
cayera, cayese *s.* **caer**
cayó *s.* **caer**
cazar 11 ▲   jagen
ceder 16   1. abtreten, überlassen, 2. nachgeben, weichen
cegar 13 ▼ *u.* 14 ▲   1. blenden, 2. verstopfen
celebrar 8   feiern
cenar 8   zu Abend essen
centralizar 11 ▲   zentralisieren, vereinheitlichen
ceñir 33 ▲ *u.* 34 ▼   1. umschnallen, 2. umfassen
cerner 21 ▼   1. sieben, 2. überprüfen
cerrar schließen
certificar 14 ▼   bescheinigen
cicatrizar 11 ▲   heilen, vernarben
ciego *s.* **cegar**
cierno *s.* **cerner**
cierro *s.* **cerrar**
cimentar 14 ▲   (be)gründen, verankern
cimiento *s.* **cimentar**
ciño, ciñó *s.* **ceñir**
circuir 28 ▼   umkreisen, umgeben
circunscribir 27 (part. **-scrito**) umschreiben
civilizar 11 ▲   zivilisieren, bilden
clarificar 14 ▼   1. klären, 2. aufhellen
clasificar   einordnen, klassifizieren, sortieren

claudicar 14 ▼   s-e Überzeugung verraten

cloroformizar 11 ▲   chloroformieren

cobijar 8   1. bedecken, 2. beherbergen, 3. ~se Schutz finden

cobrar 8   kassieren, verlangen

cocer 20 ▼ *u.* 26 ▲   (auf)kochen, sieden

codiciar 8   begehren, erstreben

coger 18   (er)greifen, nehmen

coincidir 27   zs.-treffen

cojear 8   hinken

cojo *s.* **coger**

colar 10 ▼   (durch)seihen

colegir 30 ▼ *u.* 34 ▼   1. folgern, 2. zs.-fassen

colgar 10 ▼ *u.* 13 ▼   (an-, auf)hängen, auflegen

coligió *s.* **colegir**

colijo *s.* **colegir**

colmar 8   (an-, über)füllen, überhäufen

colocar 14 ▼   setzen (auf)stellen, (an-, ein)ordnen

colonizar 11 ▲   kolonisieren

combatir 31   kämpfen

comedirse 27 ▼   sich mäßigen

comentar 8   1. erklären, 2. besprechen, Bemerkung machen

comenzar 11 ▲ *u.* 14 ▲   anfangen, beginnen

comer 16   essen

comerciar 8   handeln

cometer 16   (Irrtum, Sünde, Verbrechen) begehen, (Fehler) machen

comidió *s.* **comedirse**

comido *s.* **comedirse**

comienzo *s.* **comenzar**

compadecer 20 ▲   bemitleiden

comparecer 20 ▲   (vor Gericht) erscheinen

compartir 27   (auf-, ver-, ein)teilen

compeler 16   nötigen, zwingen zu

compendiar 8   zs.-fassen, kürzen

compensar 8   1. ausgleichen, ersetzen, 2. entschädigen

competer 16   zukommen, zustehen

competir 34 ▼   mitbewerben um, konkurrieren

compitió *s.* **competir**

compito *s.* **competir**

complacer 20 ▲   gefallen, Freude bereiten, befriedigen

complementar 8   ergänzen, vervollständigen, zusammenpassen

completar 8   vervollständigen

complicar 14 ▼   komplizieren, erschweren

componer 22 ▼   1. zs.-setzen, anordnen, 2. (ein Ganzes) bilden, 3. verfassen, komponieren

comportar 8   ertragen, mit sich bringen

comprar 8   kaufen, erwerben

comprender 16   1. verstehen, 2. umfassen, beinhalten

comprimir 27   zs.-pressen, komprimieren

comprobar 10 ▼   1. feststellen, 2. bestätigen, 3. überprüfen

comprometer 16   1. verpflichten, 2. in Gefahr bringen, 3. bloßstellen

compuesto *s.* **componer**

comunicar 14 ▼   mitteilen, bekannt geben

concebir 34 ▼   1. verstehen, begreifen, 2. ersinnen, 3. schwanger werden

conceder 16   gewähren, zugestehen

concentrar 8   konzentrieren

concernir 38   angehen, betreffen

concertar 14 ▲   1. (Geschäft, Vertrag) abschließen, vereinbaren, 2. versöhnen, abstimmen

concibió *s.* **concebir**

concibo *s.* **concebir**

concierne *s.* **concernir**

concierto *s.* **concertar**

conciliar 8   versöhnen, in Einklang bringen

concluir 28 ▼   1. beenden, abschließen, 2. folgern

concordar 10 ▼   1. in Einklang bringen, 2. übereinstimmen

concuerdo *s.* **concordar**

concurrir 27   1. zs.-strömen, zs.-treffen, 2. beitragen zu

condescender 21 ▼   nachgeben, sich herablassen zu

condolerse 20 ▼   Mitleid haben mit

conducir 29 ▲   1. leiten, führen, 2. fahren

conduje *s.* **conducir**
conduzco *s.* **conducir**
conferenciar 8   sich besprechen, verhandeln
conferir 36 ▼   1. verleihen, gewähren, 2. beraten, konferieren
confesar 14 ▲   zugeben, bekennen, gestehen
confiar 15   anvertrauen, trauen
confiero *s.* **conferir**
confieso *s.* **confesar**
confirió *s.* **conferir**
confiscar 14 ▼   beschlagnahmen, konfiszieren
confluir 28 ▼   zs.-strömen, vereinigen
conformar 8   1. formen, 2. in Übereinstimmung bringen, 3. ~se sich abfinden
confortar 8   stärken, trösten
confundir 27   1. verwechseln, 2. vermischen
congeniar 8   harmonieren, sich vertragen
conglobar 8   zs.-ballen
conglomerar 8   anhäufen
congraciarse 8   sich einschmeicheln
congregar 13 ▼   versammeln
conjugar 13 ▼   1. konjugieren, 2. in Einklang bringen
conmemorar 8   erinnern an, gedenken
conmover 20 ▼   erschüttern, ergreifen, berühren
conocer 20 ▲   1. kennen, 2. kennen lernen
conozco *s.* **conocer**
conseguir 31 ▲ *u.* 34 ▼   erlangen, erreichen
consentir 36 ▼   1. gestatten, erlauben, 2. verwöhnen
conservar 8   1. erhalten, pflegen, 2. aufbewahren
considerar 8   bedenken, berücksichtigen, halten für
consigo *s.* **conseguir**
consiguió *s.* **conseguir**
consistir (en) 27   bestehen aus
consolar 10 ▼   trösten
constar 8   1. gewiss sein, feststehen, 2. verzeichnet sein, 3. ~de bestehen aus
constituir 28 ▼   bilden, darstellen, ausmachen, konstituieren, (be)gründen

constreñir 33 ▲ *u.* 34 ▼   zwingen, nötigen, einschnüren
constriño, -striñó *s.* **constreñir**
construir 28 ▼   (er)bauen, errichten, konstruieren
consuelo *s.* **consolar**
consumir 27   verzehren, aufbrauchen
contagiar 8   anstecken
contar 10   1. (ab)zählen, rechnen, 2. erzählen
contemplar 8   betrachten, ansehen
contender 21 ▼   kämpfen, streiten
contestar 8   (be)antworten, erwidern
contiendo *s.* **contender**
continuar 9 ▲   fortsetzen, weiterführen, bleiben
contradecir 29 ▼   widersprechen (*2. Pers. Sg. Imp.* **contradice**)
contraer 25 ▼   1. zs.-ziehen, 2. (Vertrag) abschließen, übernehmen, 3. (Krankheit) bekommen
contrahacer 19 ▼   1. nachmachen, 2. fälschen, 3. vorgeben
contravenir 37   zuwiderhandeln, verstoßen, übertreten, verletzen
contribuir 28 ▼   1. beitragen, beisteuern, mithelfen, 2. (Steuer) zahlen
controlar 8   1. überwachen, kontrollieren, 2. beherrschen
convalecer 20 ▲   genesen, sich erholen
convencer 26 ▲   überzeugen, überreden, überführen
convertir 36 ▼   um-, verwandeln, konvertieren
convierto *s.* **convertir**
convirtió *s.* **convertir**
convocar 14 ▼   einberufen, zs.rufen, ausschreiben
copiar 8   abschreiben, -malen, nachmachen, nachahmen
corregir 30 ▼ *u.* 34 ▼   verbessern, berichtigen, korrigieren
correr 16   1. laufen, eilen, 2. (ver)gehen, 3. (um)gehen (Gerücht)
corresponder 16   1. entsprechen, übereinstimmen mit, 2. zustehen
corrigió *s.* **corregir**
corrijo *s.* **corregir**
corroer (*s.* **roer**)   verrosten

corromper 16 verderben, verschlechtern, entstellen, bestechen

cortar 8 1. (ab-, aus-, zer)schneiden, 2. unterbrechen, 3. kürzen

cosechar 8 ernten

coser 16 nähen

costar 10 ▼ 1. kosten, 2. schwerfallen

crear 8 (er)schaffen, errichten, gründen, kreieren

crecer 20 ▲ wachsen, größer werden, zunehmen

creer 19 ▲ 1. glauben, meinen, annehmen, 2. halten für

creyendo *s.* **creer**

creyera, creyese *s.* **creer**

creyó *s.* **creer**

crezco *s.* **crecer**

criar 15 1. züchten, aufziehen, 2. stillen, 3. (er)zeugen, hervorbringen

cristalizar 11 ▲ kristallisieren

cristianizar 11 ▲ christianisieren

criticar 14 ▼ 1. kritisieren, beurteilen, 2. beurteilen, beanstanden

crucificar 14 ▼ kreuzigen, quälen

crujir 27 krachen, knacken, knistern, knarren

cruzar 11 ▲ 1. (durch)kreuzen, überqueren, 2. verschränken, überkreuzen

cubierto *s.* **cubrir**

cubrir 27 (*Part.* cubierto) (be-, ver-)decken, verhüllen

cuelgo *s.* **colgar**

cuelo *s.* **colar**

cuento *s.* **contar**

cuesto *s.* **costar**

cuezo *s.* **cocer**

cuidar 8 (be-, ver)sorgen, pflegen, betreuen, sich kümmern

cumplimentar 8 1. ausführen, vollstrecken, 2. beglückwünschen

cumplir 27 vollenden, erfüllen

cupe *s.* **caber**

cupiera, cupiese *s.* **caber**

custodiar 8 (sorgfältig) aufbewahren, bewachen

Ch

chamuscar 14 ▼ versengen

chapuzar 11 ▲ untertauchen

chillar 8 1. kreischen, quietschen, 2. grell, schrill sein

chirriar 15 quietschen, knarren, kreischen

chocar 14 ▼ 1. anstoßen, auftreffen, 2. Anstoß erregen

D

damnificar 14 ▼ (be)schädigen

dar 11 ▼ geben, schenken, (her-, über-) geben, erteilen

dé *s.* **dar**

debatir 27 1. besprechen, erörtern, 2. verhandeln, debattieren, streiten

deber 16 1. schulden, verdanken, 2. müssen, sollen

decaer 18 ▲ in Verfall geraten, abnehmen, nachlassen

decidir 27 entscheiden, beschließen, sich entschließen zu

decir 29 ▼ sagen, sprechen, (be)sagen, lauten

decorar 8 (aus)schmücken, verzieren

decrecer 20 ▲ abnehmen, schwinden, fallen

dedicar 14 ▼ widmen

deducir 29 ▲ 1. ableiten, folgern, 2. abziehen

deduje *s.* **deducir**

deduzco *s.* **deducir**

defender 21 ▼ 1. verteidigen, (be)schützen, 2. verbieten

deferir 36 ▼ 1. übertragen, 2. zustimmen

degollar 9 ▼ 1. ausschneiden, 2. köpfen, abschlachten

dejar 8 1. lassen, unterlassen, loslassen, 2. überlassen, ausleihen, 3. aufgeben, im Stich lassen, 4. hinterlassen, 5. (zu)lassen, erlauben

delinquir 30 ▲ straffällig werden

demarcar 14 ▼ abgrenzen, abstecken, vermarken

demoler 20 ▼ zerstören, zertrümmern

demostrar 10 ▼ 1. beweisen, darlegen, bekunden, 2. erklären

denegar 13 ▼ *u.* **14 ▲** verweigern, aberkennen

denostar 10 ▼ beschimpfen, schmähen

denunciar 8 1. ankündigen, melden, 2. anzeigen, denunzieren

depender 16 abhängen, abhängig sein, ankommen auf

deponer 22 ▼ 1. niederlegen, 2. absetzen (von e-m Amt)

depreciar 8 entwerten, abwerten, herabsetzen

deprimir 27 1. deprimieren, schwächen, 2. (herunter)drücken

depuesto *s.* **deponer**

derrapar 8 ins Schleudern geraten

derrengar 13 ▼ *u.* **14 ▲** aus-, verrenken

derritió *s.* **derretir**

derrito *s.* **derretir**

derruir 28 ▼ niederreißen, zerstören

desabrochar 8 aufknöpfen, (Kleidung) lockern

desacertar 14 ▲ fehlgreifen, sich irren

desacordar 10 ▼ verstimmen, verstimmt sein (Instrument)

desafiar 15 herausfordern, trotzen, die Stirn bieten

desagradecer 20 ▲ undankbar sein

desaguar 12 ▼ 1. entwässern, auspumpen, trockenlegen, 2. einmünden

desahogar 13 ▼ aus einer Notlage befreien, Linderung verschaffen

desahuciar 8 1. ärztlich aufgeben, 2. zwangsräumen

desalentar 14 ▲ entmutigen

desalterar 8 beruhigen, besänftigen

desandar 10 ▲ zurückgehen, von vorne anfangen

desanimar 8 entmutigen

desaparecer 20 ▲ verschwinden

desapreciar 8 geringschätzen

desaprender 16 verlernen

desaprobar 10 ▼ missbilligen, ablehnen

desarraigar 13 ▼ entwurzeln, ausrotten, vertreiben

desarrollar 8 1. entwickeln, 2. darlegen, 3. abrollen

desasear 8 verunreinigen, verunzieren

desasosegar 13 ▼ *u.* **14 ▲** beunruhigen, ängstigen, aufrütteln

desatender 21 ▼ nicht beachten, vernachlässigen

desatentar 14 ▲ aus der Fassung bringen

desavenir 37 entzweien, widersprechen, sich widersetzen

descabezar 11 ▲ köpfen, kappen, abschneiden

descalificar 14 ▼ disqualifizieren

descalzar 11 ▲ Schuhe ausziehen

descargar 13 ▼ (ab-, aus-, ent)laden

descender 21 ▼ 1. herabnehmen, hinunterbringen, 2. hinuntersteigen, aussteigen

descentralizar 11 ▲ dezentralisieren

desciendo *s.* **descender**

descolgar 10 ▼ *u.* **13 ▼** herabnehmen, abheben (Hörer), aushaken

descollar 10 ▼ hervorragen, glänzen

descomedirse 34 ▼ sich ungebührlich betragen

descomponer 22 ▼ 1. zerlegen, zersetzen, 2. verfaulen

desconcertar 14 ▲ 1. in Unordnung bringen, 2. entzweien, zerrütten, 3. verwirren, verblüffen

desconfiar 15 misstrauen, zweifeln an

descongelar 8 auftauen, entfrosten

desconocer 20 ▲ 1. nicht wissen, nicht kennen, 2. nicht wieder erkennen, 3. nicht anerkennen

desconsolar 10 ▼ betrüben

descontar 10 ▼ 1. herabsetzen, abziehen, 2. abstreichen, wegnehmen

describir 27 (*Part.* **descrito**) beschreiben

descubrir 27 (*Part.* **descubierto**) 1. aufdecken, enthüllen, 2. entdecken

descuelgo *s.* **descolgar**

descuello *s.* **descollar**

descuento s. **descontar**

desdecir 29 ▼ (*1. Pers. Sg. Imp.* **desdice**) abweichen, im Widerspruch stehen

54

desear 8 wünschen, (er)sehnen

desecar 14 ▼ trocknen, ausdörren

desembarcar 14 ▼ 1. landen, Waren entladen, 2. aussteigen (Flugzeug, Schiff)

desembocar 14 ▼ (ein)münden

desembragar 13 ▼ ausrücken, auskuppeln (Kfz)

desempaquetar 8 auspacken

desempedrar 14 ▲ (Pflaster) aufreißen

desempeñar 8 1. auslösen, 2. erfüllen, ausüben, 3. spielen (Rolle in Theater, Film)

desempolvar 8 abstauben, auffrischen, aktualisieren

desencolarse 10 ▼ aus dem Leim gehen

desenlazar 11 ▲ losbinden, aufschnüren, ausgehen (in Roman oder Film)

desentenderse 21 ▼ sich unwissend stellen

desenterrar 14 ▲ ausgraben

desenvolver 17 ▲ 1. auspacken, 2. darlegen, untersuchen, 3. ~se zurechtkommen

desfallecer 20 ▲ 1. schwächen, 2. ohnmächtig werden, ermatten

desflorecer 20 ▲ verblühen

desfogarse 10 ▼ u. 13 ▼ sich austoben, abreagieren

desguazar 11▲ 1. abhobeln, behauen, 2. abwracken, verschrotten

deshabituar 9 ▲ abgewöhnen

deshacer 19 ▲ 1. zerlegen, zerwühlen, abreißen, 2. aufreiben

deshelar 14 ▲ auftauen

desherrar 14 ▲ (Huf)eisen/Fesseln abnehmen

desistir (de) 27 abstehen von, Absicht aufgeben

desleír 35 ▼ (auf)lösen, zergehen lassen, verrühren

desliar 15 1. Wein abklären, 2. aufbinden, -schnüren

desliera, desliese s. **desleír**

desligar 13 ▼ auf-, losbinden, trennen

deslío s. **desleír** u. **desliar**

deslió s. **desleír** u. **desliar**

deslizar 11 ▲ gleiten, (rollen) lassen

deslucir 34 ▲ den Glanz nehmen, beeinträchtigen

desmembrar 14 ▲ zerlegen, zergliedern, zerstückeln

desmentir 36 ▼ abstreiten, leugnen, Lügen strafen, dementieren

desmerecer 20 ▲ nicht verdienen

desmiembro s. **desmembrar**

desmiento s. **desmentir**

desnaturalizar 11 ▲ 1. ausbürgern, 2. ungenießbar machen, 3. entstellen

desobedecer 20 ▲ nicht gehorchen

desobligar 13 ▼ e-r Verpflichtung entheben

desoír 35 ▲ (absichtlich) überhören, kein Gehör schenken

desolar 10 ▼ verheeren, verwüsten

desollar 10 ▼ 1. schröpfen, neppen, 2. häuten

desorganizar 11 ▲ zerrütten, auflösen, stören

despedazar 11 ▲ zerstückeln, zerfetzen, zs.-hauen

despedir 34 ▼ 1. verabschieden, 2. j-m kündigen, entlassen

despegar 13 ▼ 1. ablösen, 2. abheben, starten (Flugzeug), abstoßen (vom Ufer)

despeñar 8 herab-, hinabstürzen

despertar 14 ▲ 1. aufwecken, 2. (er)wecken, 3. ~se aufwachen

despidió s. **despedir**

despido s. **despedir**

despierto s. **despertar**

desplegar 13 ▼ u. 15 ▲ 1. auf-, auseinander-, entfalten, ausbreiten, 2. (Flagge) zeigen, 3. entfalten, entwickeln

despoblar 10 ▼ entvölkern, verwüsten

despreciar 8 1. gering schätzen, verachten, 2. verschmähen, ausschlagen

desprender 16 ablösen, losmachen, lockern

destacar 14 ▼ 1. abstellen, kommandieren, 2. hervorheben, betonen

desteñir 33 ▲ u. 34 ▼ entfärben, ausbleichen, verblassen

desterrar 14 ▲ 1. verbannen, (Sorgen etc.) vertreiben, 2. von Erde befreien

destierro *s.* **desterrar**
destiño, -tiñó *s.* **desteñir**
destituir 28 ▼ 1. absetzen, des Amtes entheben, 2. j-m etw. entziehen
destorcer 20 ▼ *u.* 26 ▲ gerade biegen
destronar 8 entthronen
destrozar 11 ▲ zerstören, zerstückeln, vernichtend schlagen
destruir 28 ▼ zerstören, vernichten, zugrunde richten
destuerzo *s.* **destorcer**
desuelo *s.* **desolar**
desuello *s.* **desollar**
desvanecer 20 ▲ 1. verwischen, auflösen, 2. zunichte machen
detener 8 1. an-, aufhalten, verzögern, stoppen, 2. einbehalten, 3. verhaften
devolver 17 ▲ zurückgeben
di *s.* **dar** *(Pret. Indef.) u.* **decir** *(Imp.)*
dice, dicen, dices *s.* **decir**
diciendo *s.* **decir**
dicho *s.* **decir**
diera *s.* **dar**
dieron *s.* **dar**
diese *s.* **dar**
diferir 36 ▼ 1. hinausschieben, verzögern, vertagen, 2. verschieden sein, 3. verschiedener Meinung sein
difiero *s.* **diferir**
difirió *s.* **diferir**
diga *s.* **decir**
digerir 36 ▼ verdauen
digiero *s.* **digerir**
digirió *s.* **digerir**
digo *s.* **decir**
dije *s.* **decir**
dijera, dijese *s.* **decir**
dimos *s.* **dar**
dio *s.* **dar**
diré *s.* **decir**
diría *s.* **decir**
dirigir 30 ▼ 1. lenken, leiten, führen, 2. richten (an), 3. adressieren
discernir 28 ▲ unterscheiden (können), erkennen
discierno *s.* **discernir**
discordar 10 ▼ 1. disharmonisch klingen, nicht (überein)stimmen, 2. nicht zs.-passen

discutir 27 besprechen, erörtern, diskutieren
disentir 28 ▲ nicht zustimmen, anderer Meinung sein
disfrazar 11 ▲ 1. verkleiden, maskieren, 2. verbergen, kaschieren
disfrutar 8 genießen
disgregar 13 zersprengen, zerlegen, (von der Erbschaft) absondern
disminuir 28 ▼ vermindern, verkleinern
disociar 8 trennen, absondern, abspalten
disolver 17 ▲ (auf)lösen, zersetzen, trennen, zerrütten
dispensar 8 1. gewähren, zuteil werden lassen, 2. verteilen, 3. freistellen, 4. verzeihen
disponer 22 ▼ 1. (an-, ein)ordnen, 2. vorbereiten, 3. anordnen, 4. verfügen
diste *s.* **dar**
diste *s.* **dar**
disteis *s.* **dar**
distinguir 31 ▲ 1. unterscheiden (können) 2. kennzeichnen, 3. hoch schätzen
distraer 25 ▲ unterhalten, zerstreuen
distribuir 28 ▼ 1. aus-, verteilen, 2. einteilen, anordnen
disuadir 27 abschrecken, abraten, von etw. abbringen
disuelto *s.* **disolver**
disuelvo *s.* **disolver**
divagar 13 ▼ abschweifen, vom Thema abkommen
divertir 36 ▼ 1. ablenken, unterhalten, zerstreuen, 2. ~se sich amüsieren, sich unterhalten
dividir 27 1. (ab-, ver-, auf)teilen, 2. teilen, dividieren
divierto *s.* **divertir**
divirtió *s.* **divertir**
divulgar 13 ▼ verbreiten, bekannt machen
doblar 8 1. verdoppeln, 2. synchronisieren (Film), 3. biegen, krümmen, falten, 4. (um die Ecke) biegen, 5. Doppelrolle spielen
doblegar 13 ▼ 1. biegen, krümmen, beugen, 2. gefügig machen

doler 20 ▼   weh tun, schmerzen
domesticar 14 ▼   zähmen, dressieren
domiciliar 8   ansiedeln
dormir 31 ▼   1. schlafen, 2. ~se einschlafen
doy *s.* **dar**
dragar 13   (aus)baggern
dramatizar 11 ▲   1. für die Bühne bearbeiten, 2. dramatisieren
drogarse 13   Drogen nehmen, sich aufputschen
duele *s.* **doler**
duermo *s.* **dormir**
dulcificar 14 ▼   versüßen, mildern
duplicar 14 ▼   verdoppeln
durmiendo *s.* **dormir**
durmiera, durmiese *s.* **dormir**
durmió *s.* **dormir**

E

economizar 11 ▲   (er-, ein)sparen, gut wirtschaften
echar 8   1. (ein-, nieder-, weg)werfen, 2. gießen, schütten, 3. hinauswerfen, entlassen
edificar 14 ▼   (er)bauen, errichten
educar 14 ▼   erziehen, ausbilden
ejercer 26 ▲   ausüben, betreiben, tätig sein
elegir 30 ▼ *u.* 34 ▼   1. aussuchen, auswählen, 2. durch Abstimmung wählen
elevar 10   (er)heben, erhöhen, steigern
eligió *s.* **elegir**
elijo *s.* **elegir**
elogiar 8   loben, rühmen, preisen
eludir 27   umgehen, ausweichen
embarazar 11 ▲   1. behindern, hemmen, 2. verwirren, verlegen machen
embarcar 14 ▼   einschiffen, an Bord gehen, verladen
embargar 13 ▼   1. beschlagnahmen, pfänden, 2. stören, hemmen, 3. in den Bann schlagen
embarrancarse 14 ▼   auf Grund laufen, stecken bleiben
embeber 16   1. (auf-, ein)saugen, tränken, 2. hineinstecken, versenken

embellecer 20 ▲   verschönern
embestir 34 ▼   angreifen, anfallen, j-m zusetzen
embistió *s.* **embestir**
embisto *s.* **embestir**
emblandecer 20 ▲   erweichen
emblanquecer 20 ▲   bleichen, weiß tünchen
embodegar 13 ▼   einkellern
emboscarse 14 ▼   1. sich in e-n Hinterhalt legen, 2. sich hinter e-r Tätigkeit verschanzen
embozar(se) 11 ▲   (sich) verhüllen, vermummen
embragar 13 ▼   anseilen, Kfz. einkuppeln
embravecerse 20 ▲   in Wut geraten, toben, wüten
embriagar 13 ▼   berauschen, entzücken, hinreißen
embriagarse 13 ▼   sich betrinken
embrutecer 20 ▲   verrohen lassen
embrutecerse 20 ▲   verrohen, abstumpfen
emerger 18 ▼   auftauchen, emporragen, entspringen
emitir 27   von sich geben, ausstoßen, entsenden
empacar 14 ▼   verpacken, bündeln
empalidecer 20 ▲   erbleichen
empedrar 14 ▲   1. pflastern, 2. spicken mit
empequeñecer 20 ▲   verkleinern
empeñar 8   1. verpfänden, 2. als Vermittler gebrauchen, 3. verpflichten
empeñarse 8   1. Schulden machen, 2. bestehen auf, 3. sich einlassen
empeorar 8   verschlechtern
empezar 11 ▲ *u.* 14 ▲   anfangen, beginnen
empiedro *s.* **empedrar**
empiezo *s.* **empezar**
emplazar 11 ▲   aufstellen, ansiedeln, in Stellung bringen
emplear 8   1. anwenden, verwenden, 2. beschäftigen, anstellen
empobrecer 20 ▲   verarmen, arm werden
emporcar 10 ▼ *u.* 14 ▼   beschmutzen, besudeln

emprender 16 unternehmen, herangehen, beginnen, (Auftrag) übernehmen

enaltecer 20 ▲ erhöhen, erheben, preisen, rühmen

enardecer 20 ▲ 1. entzünden, entflammen, 2. begeistern

encabezar 11 ▲ 1. einschreiben, eintragen, 2. überschreiben, 3. anführen

encanecer 20 ▲ ergrauen, alt werden

encarecer 20 ▲ 1. verteuern, 2. loben, (an)preisen

encargar 13 bestellen, beauftragen

encargarse (de) 13 e-e Sache übernehmen

encender 21 ▼ 1. (an-, ent)zünden, 2. anfachen, entflammen

encerrar 14 ▲ 1. einschließen, 2. umschließen

enciendo *s.* **encender**

encierro *s.* **encerrar**

encoger 18 ▼ (an-, ein-, zs.)-ziehen

encomendar 14 ▲ beauftragen, mit e-r Aufgabe betrauen

encomiendo *s.* **encomendar**

encontrar 10 ▼ finden, treffen, begegnen

encubrir 27 (*Part.* **encubierto**) verhehlen, verheimlichen, verdecken

encuentro *s.* **encontrar**

endentar 14 ▲ verzahnen

enderezar 11 ▲ 1. (auf-, gerade)richten, 2. in Ordnung bringen, 3. züchtigen

endomingarse 13 ▼ sich herausputzen

endulzar 11 ▲ (ver)süßen

endurecer 20 ▲ (ab-, ver)härten

enfangar 13 ▼ beschmutzen

enfatizar 11 ▲ nachdrücklich betonen

enflaquecer 20 ▲ schwächen, abmagern, erschlaffen

enfocar 14 ▼ 1. richtig einstellen, 2. (Problem) beleuchten, untersuchen

enfriar 17 (ab)kühlen

enfurecer 20 ▲ wütend machen, ~se wütend werden

engañar 8 betrügen, täuschen, hereinlegen

engrandecer 20 ▲ vergrößern, erhöhen, preisen

engreírse 35 ▼ sich rühmen, prahlen

engrío, engrió *s.* **engreírse**

engrosar 8 dick machen, verdicken, dick(er) werden, zunehmen, wachsen

engrueso *s.* **engrosar**

engullir 33 ▲ (ver)schlingen, (ver)schlucken

enjuagar 13 ▼ (ab-, aus)spülen

enjugar 13 ▼ 1. (ab)trocknen, (ab-, auf)wischen, 2. (Schuld) löschen

enlazar 11 ▲ festbinden, (an-, ver)knüpfen

enloquecer 20 ▲ der Vernunft berauben, betören

enlucir 34 ▲ verputzen

enmarcar 14 ▼ (ein-, um)rahmen, umranden, einfassen

enmendar 14 ▲ (ver)bessern, (Fehler) ausmerzen, beseitigen, (Schaden) gutmachen

enmiendo *s.* **enmendar**

enmohecer 20 ▲ rostig, schimmelig machen

enmudecer 20 ▲ schweigen, verstummen

ennegrecer 20 ▲ schwärzen, ~se schwarz werden, sich verfinstern

ennoblecer 20 ▲ 1. veredeln, erhöhen, 2. adeln

enorgullecer 20 ▲ stolz machen

enrabiar 8 wütend machen

enraizar 11 ▲ (*Akzent:* **enraíza**) Wurzeln schlagen

enranciarse 8 ranzig werden

enrarecerse 20 ▲ selten werden, sich verknappen, dünn werden

enredar(se) 8 (sich) verwickeln, verstricken

enriquecer 20 ▲ 1. bereichern, 2. ~se reich werden

enrojecer 20 ▲ 1. rot machen, färben, 2. ~se rot werden

enronquecer 20 ▲ heiser machen

ensacar 14 ▼ in Säcke füllen

ensangrentar 14 ▲ mit Blut beflecken

ensayar 8 1. versuchen, proben, 2. prüfen, testen

enseñar 8 1. zeigen, lehren, unterrichten, 2. (her-, vor)zeigen, vorführen

58

ensoberbecer 20 ▲   1. stolz machen, 2. ~se hochmütig werden

ensombrecer 20 ▲   überschatten, verdüstern

ensordecer 20 ▲   1. betäuben, taub machen, dämpfen, 2. ~se taub werden

ensuciar 8   beschmutzen, beflecken, besudeln

entapizar 11 ▲   mit Teppichen auslegen

entender 21 ▼   1. verstehen, begreifen, 2. verstehen können, 3. meinen, glauben, annehmen

enterar 8   1. informieren, benachrichtigen, 2. ~se erfahren, unterrichtet werden

entenebrecer(se) 20 ▲   (sich) verfinstern

enternecer 23 ▲   1. (auf-, er)weichen, rühren, 2. ~se weich werden

enterrar 14 ▲   1. begraben, bestatten, 2. (ein-, ver)graben, verscharren

entiendo *s.* **entender**

entierro *s.* **enterrar**

entontecer 20 ▲   dumm machen, verdummen

entorpecer 20 ▲   behindern, hemmen, stören

entrar 8   1. eintreten, hineingehen, 2. (hinein)gehören, (hinein)passen

entreabrir 27 (*Part.* **entreabierto**)   ein wenig (oder halb) öffnen

entregar 13 ▼   1. aushändigen, (ab-, über) geben, 2. hingeben, opfern

entregarse 13 ▼   sich ergeben, 2. sich hingeben, sich widmen

entrelazar(se) 11 ▲   (sich) verflechten, (sich) verschränken

entrenar 24   trainieren

entresacar 14 ▼   heraussuchen, ausdünnen

entretener 24   1. ablenken, zerstreuen, unterhalten, 2. ~se sich die Zeit vertreiben, sich ablenken lassen, sich amüsieren

entrever 26   ahnen, undeutlich sehen

entristecer 20 ▲   1. betrüben, 2. ~se traurig werden

entroncar 14 ▼   verwandt sein, abstammen

entronizar 11 ▲   auf den Thron (er)heben, in den Himmel heben

entumecer 20 ▲   1. lähmen, 2. ~se lahm, starr werden, einschlafen

enturbiar 8   trüben

enunciar 8   kurz äußern, darlegen, aussprechen

envanecer 20 ▲   1. stolz machen, 2. ~se stolz sein, sich etw. einbilden

envejecer 20 ▲   altern, alt werden

enviar 15   (ab-, ver)senden, schicken

envidiar 8   neidisch sein, beneiden, missgönnen

envilecer(se) 20 ▲   (sich) erniedrigen, herabwürdigen

envolver 17 ▲   1. (ein)wickeln, einpacken, 2. umwickeln, ummanteln

enzarzarse 11 ▲   sich in Schwierigkeiten bringen

epilogar 13 ▼   (in e-m Nachwort) zs.-fassen

equivaler 25 ▼   gleichwertig sein, gleichkommen, äquivalent sein, entsprechen

equivocar 14 ▼   1. verwechseln, verfehlen, 2. ~se sich irren, etw. verwechseln

era *s.* **ser**

erais *s.* **ser**

éramos *s.* **ser**

eran *s.* **ser**

eras *s.* **ser**

eres *s.* **ser**

erguir(se) 32 ▲   (sich) (auf-, empor)richten, heben

erigir 30 ▼   errichten, gründen

erizar 11 ▲   1. sträuben, aufrichten, 2. spicken

errar 12 ▲   1. umherschweifen, -irren, 2. sich irren, danebengehen

es *s.* **ser**

esbozar 11 ▲   skizzieren, umreißen, andeuten

escabullir 33 ▲   entwischen, entgleiten, ~se unbemerkt verschwinden

escanciar 8   (Cidre) aus-, einschenken, kredenzen

escandalizar 11 ▲   Anstoß erregen, ~se Anstoß nehmen, sich empören

escarmentar 14 ▲   1. hart bestrafen, 2. Lehrgeld zahlen, aus Erfahrung lernen

escarnecer 20 ▲   verhöhnen, verspotten

escenificar 14 ▼   inszenieren

esclarecer 20 ▲   1. erleuchten, hell werden, *fig.* aufklären, erklären, 2. Glanz verleihen

esclavizar 11 ▲   versklaven, unterjochen

escocer 20 ▼ *u.* 26 ▲   brennen, jucken, stechen

escoger 18 ▼   (aus)wählen, aussuchen

escolarizar 11 ▲   Schulbildung ermöglichen, geben

esconder 16   verstecken, verbergen, verdecken, verheimlichen

escribir 27 (*Part.* **escrito**)   schreiben, verfassen

escrito *s.* **escribir**

escuchar   an-, zuhören, belauschen

escuece *s.* **escocer**

escupir 27   ausspucken

escurrir 27   auslaufen/abtropfen lassen

esforzarse 10 ▼ *u.* 11 ▲   sich anstrengen

españolizar 11 ▲   hispanisieren, der span. Sprache anpassen

esparcir 32 ▼   (ver-, aus)streuen, verteilen, auflockern

especializar 11 ▲   1. auf ein Fach begrenzen, 2. **~se** sich spezialisieren

especificar 14 ▼   einzeln an-, aufführen, genau bestimmen, erläutern

esperar 8   (er)warten, (er)hoffen

espiar 15   (aus)spionieren, bespitzeln

espiritualizar 11 ▲   1. vergeistigen, Geist einhauchen, beseelen, 2. zu kirchl. Besitz machen

espulgar 13 ▼   1. entlausen, 2. genau prüfen

esquematizar 11 ▲   schematisieren

esquiar 15   Ski fahren

está *s.* **estar**

establecer 20 ▲   1. (be)gründen, errichten, aufstellen, 2. feststellen, festlegen, verordnen

establecerse 20 ▲   sich niederlassen, sich ansiedeln

están *s.* **estar**

estancar 14 ▼   1. stauen, abdichten, 2. hemmen

estandardizar 11 ▲   e-m Standard anpassen, standardisieren, vereinheitlichen

estar 6   sein, sich befinden

estás *s.* **estar**

estatalizar 11 ▲   verstaatlichen

estatuir 28 ▼   verordnen, bestimmen

esté(n) *s.* **estar**

esterilizar 11 ▲   unfruchtbar machen, sterilisieren, keimfrei machen

estés *s.* **estar**

estigmatizar 11 ▲   stigmatisieren, brandmarken

estomagar 13 ▼   ärgern, auf die Nerven gehen

estornudar 8   nießen

estoy *s.* **estar**

estragar 13 ▼   verheeren, verwüsten, verderben

estratificar 14 ▼   schichten *(Geologie)*

estrechar 8   1. verengen, schmäler machen, 2. fest umfassen, umklammern

estregar 13 ▼ *u.* 14 ▲   (ab)reiben, bürsten, scheuern

estremecer 20 ▲   1. erschüttern, erschauern lassen, 2. **~se** zittern, beben, zs.-fahren

estrenar 8   1. zum ersten Mal gebrauchen, einweihen, 2. zum ersten Mal aufführen

estreñir 33 ▲ *u.* 34 ▼   verstopfen

estriego *s.* **estregar**

estriño, estriñó *s.* **estreñir**

estropear 8   beschädigen, verletzen, kaputt machen, verpfuschen, verderben

estudiar 8   1. lernen, studieren 2. einstudieren, auswendig lernen, 3. untersuchen

estuve *s.* **estar**

estuviera, estuviese *s.* **estar**

eternizar 11 ▲   1. verewigen, 2. endlos hinziehen, 3. **~se** eine Ewigkeit dauern

europeizar 11 ▲   1. europäisieren, 2. **~se** europäische Sitten, Normen, etc. annehmen

evadir 27   vermeiden, umgehen, ausweichen

evaluar 9 ▲   1. bewerten, veranschlagen, schätzen auf, 2. auswerten

evangelizar 11 ▲   das Evangelium predigen, zum Christentum bekehren

evocar 14 ▼   (herauf)beschwören, (Erinnerungen, Gefühle) wachrufen

exagerar 8   übertreiben, aufbauschen

exceder 16   1. übersteigen, überschreiten, 2. ~se sich viel herausnehmen, zu weit gehen

exceptuar(se) 9 ▲   (sich) ausschließen, (sich) ausnehmen

excluir 28 ▼   1. ausschließen, verwerfen, 2. ~se sich ausschließen

excomulgar 13 ▼   entkommunizieren

exhibir 27   1. vorzeigen, -legen, 2. ausstellen, vorführen

exigir 30 ▼   1. fordern, verlangen, 2. erfordern

existir 27   existieren, da sein, leben, vorhanden sein

exorcizar 11 ▲   exorzieren

expatriar 8   ausweisen, des Landes verweisen

expedir 34 ▼   1. versenden, verfrachten, 2. (Dokument) ausstellen, ausfertigen, 3. erledigen

expiar 15   sühnen, ab-, verbüßen

expidió *s.* **expedir**

expido *s.* **expedir**

explicar 14 ▼   1. erklären, deuten, darlegen, 2. ~se sich etw. erklären können; sich äußern

explorar 8   erforschen, untersuchen, erkunden

explotar 8   1. ausnutzen, ausbeuten, 2. explodieren, platzen

exponer 22 ▼   1. darlegen, vortragen, 2. aussetzen, 3. ausstellen

exportar 8   ausführen, exportieren

expresar(se) 8   (sich) äußern, (sich) ausdrücken

exprimir 27   ausdrücken, -saugen, -pressen

expropiar 8   enteignen

expuesto *s.* **exponer**

expulsar 8   vertreiben, ausstoßen, ausweisen

expurgar 13 ▼   reinigen, zensieren

extasiar 15   verzücken, hinreißen

extender 21 ▼   1. ausbreiten, ausstrecken, 2. erweitern, ausdehnen

extenuar 9 ▲   erschöpfen, schwächen

extiendo *s.* **extender**

exteriorizar 11 ▲   äußern, zum Ausdruck bringen, sichtbar machen

extinguir 32 ▲   (aus)löschen

extraer 25 ▲   1. (heraus)ziehen, extrahieren, gewinnen *(Chemie)*, 2. exzerpieren

extranjerizar 11 ▲   fremde Sitten einführen, überfremden

extraviar 15   1. irreführen, vom Weg abbringen, 2. (Gegenstand) verlegen, 3. ~se sich verirren, sich verfahren

F

fabricar 14 ▼   herstellen, (an)fertigen, fabrizieren

falsear 8   verfälschen, verdrehen, entstellen

falsificar 14 ▼   fälschen

fallecer 20 ▲   1. sterben, verscheiden, 2. aufhören, enden

familiarizar 11 ▲   1. gewöhnen, vertraut machen, 2. ~se sich vertraut machen, vertraut werden

fanatizar 11 ▲   fanatisieren, auf-, verhetzen

fastidiar 8   anöden, auf die Nerven gehen, ärgern

fatigar 13 ▼   ermüden, anstrengen, 2. belästigen, plagen

favorecer 20 ▲   begünstigen, fördern

fenecer 20 ▲ *(nur 3. Pers. Sg. u. Pl.)* 1. aufhören, enden, 2. sterben

felicitar 8   beglückwünschen, gratulieren

fertilizar 11 ▲   fruchtbar machen, düngen

fiar 15   1. bürgen für, 2. ~se vertrauen

figurar 8   1. darstellen, 2. vorgeben, täuschen, 3. e-e Rolle spielen, 4. ~ en vorkommen

fijar 8   1. befestigen, festmachen, 2. richten auf, 3. festsetzen, 4. fixieren, 5. ~se en auf etw. achten, bemerken

finalizar 11 ▲   beenden, abschließen

fingir 31 ▼   vortäuschen, vorgeben, fingieren

fiscalizar 11 ▲   1. staatsanwaltliche Befugnisse ausüben, 2. kontrollieren, überwachen, 3. beschlagnahmen

fisgar 13 ▼   1. fischen, 2. herumschnüffeln, belauern

flexibilizar 11 ▲   flexibel machen, vereinfachen

florecer 20 ▲   blühen

fluctuar 9 ▲   (auf den Wogen) schwanken, fluktuieren

fluir 28 ▼   *(nur 3. Pers. Sg. u. Pl.)* fließen, rinnen

formar 8   1. formen, bilden, 2. gestalten, 3. ausbilden, erziehen

formalizar 11 ▲   die vorgeschriebene Form geben, ordnungsgemäß ausfertigen

fortalecer 20 ▲   1. stärken, kräftigen, 2. befestigen

fortificar 14 ▼   1. stärken, kräftigen, bestärken, 2. befestigen

forzar 10 ▼ *u.* 11 ▲   1. zwingen, 2. (Schloss) aufbrechen, 3. forcieren, steigern, vorantreiben

fosforecer 14 ▼   phosphoreszieren

fosilizarse 11 ▲   1. versteinern, fossilieren, 2. erstarren

fotocopiar 8   fotokopieren

fotografiar 15   fotografieren

fraguar 12 ▼   1. schmieden, 2. aushecken, ausbrüten

fraternizar 11 ▲   verbrüdern, enge Freundschaft schließen

fregar 13 ▼ *u.* 14 ▲   scheuern, abwaschen, spülen, kräftig reiben

freír 35 ▼   braten, backen

friego *s.* **fregar**

friera, friese *s.* **fregar**

frío, frió *s.* **freír**

frito *s.* **freír**

frivolizar 11 ▲   leicht nehmen

fructificar 14 ▼   Frucht tragen, einträglich sein

fruncir 32 ▼   in Falten werfen, runzeln, (zer)knittern

fue *s.* **ir** *u.* **ser**

fuera, fuese *s.* **ir** *u.* **ser**

fueron *s.* **ir** *u.* **ser**

fuerzo *s.* **forzar**

fui *s.* **ir** *u.* **ser**

fuimos *s.* **ir** *u.* **ser**

fuiste *s.* **ir** *u.* **ser**

fuisteis *s.* **ir** *u.* **ser**

fugarse 13 ▼   fliehen, flüchten, ausbrechen

fumigar 13 ▼   ausräuchern, einnebeln, vergasen

funcionar 8   gehen, arbeiten, funktionieren

fundir 27   1. (ein)schmelzen, 2. gießen, 3. vereinigen

fustigar 13 ▼   1. auspeitschen, 2. geißeln

G

galvanizar 11 ▲   1. galvanisieren, verzinken, 2. beleben

garantir 27   1. gewährleisten, schützen, 2. bewahren

garantizar 11 ▲   gewährleisten, schützen, garantieren, bürgen

gargarizar 11 ▲   gurgeln

gasificar 14 ▼   mit Kohlensäure versetzen, vergasen

gemir 34 ▼   ächzen, seufzen, stöhnen

generalizar 11 ▲   1. verallgemeinern, 2. verbreiten

germanizar 11 ▲   germanisieren

gimió *s.* **gemir**

gimo *s.* **gemir**

globalizar 13 ▲   globalisieren

gloriarse 15   sich rühmen

glorificar 14 ▼   verherrlichen, rühmen, preisen

gobernar 14 ▲   regieren, lenken, steuern

gobierno *s.* **gobernar**

golpear 8   schlagen, (ab)klopfen

gozar 11 ▲   genießen, sich erfreuen

graduar 9 ▲   1. abstufen, abmessen, einstellen, eichen, 2. ~se e-n akad. Grad erwerben

granizar 11 ▲ *(nur 3. Pers. Sg.)*   hageln

granjear 8   handeln mit

gratificar 14 ▼　belohnen, vergüten

gruñir 33 ▲　1. grunzen, brummen, knurren, 2. murren

guardar 8　1. (be)wachen, (be)schützen, bewahren, 2. (ein)halten, beobachten 3. zurück-, beibehalten

guarecer 20 ▲　1. aufbewahren, schützen, 2. ~se Schutz suchen

guarnecer 20 ▲　1. besetzen, auslegen, ausstaffieren, 2. bekleiden, füttern

guiar 15　führen, leiten, vorangehen

guiñar 8　blinzeln, zwinkern

gustar 8　1. kosten, schmecken, genießen, 2. gefallen, behagen

H

ha *s.* **haber**

haber 7　haben, sein *(bei Bildung der zs.-gesetzten Zeiten)*, geben *(3. Pers. Sg.)*

habituarse 9 ▲　sich gewöhnen

hablar 8　sprechen, reden

hacer 19 ▼　machen, tun, schaffen, herstellen

haga *s.* **hacer**

hago *s.* **hacer**

halagar 13 ▼　schmeicheln, schöntun

hallar 8　finden, ausfindig machen, (an)treffen

han *s.* **haber**

haré *s.* **hacer**

haría *s.* **hacer**

has *s.* **haber**

hastiar 15　langweilen, anwidern

hay *s.* **haber**

haya *s.* **haber**

haz *s.* **hacer**

he *s.* **haber**

hechizar 11 ▲　bezaubern

hecho *s.* **hacer**

heder *(nur 3. Pers. Sg. u. Pl.)* 21 ▼　1. stinken, 2. verhasst sein

helar *(nur 3. Pers. Sg.)* 14 ▲　1. gefrieren lassen, 2. erstarren lassen, 3. ~se frieren

hemos *s.* **haber**

henchir *s.* 33 ▲ *u.* 34 ▼　an-, auffüllen, ausstopfen, aufblasen

hender 21 ▼　spalten, zerteilen

heñir 33 ▲ *u.* 34 ▼　kneten

heredar 8　1. ~ de erben von, 2. ~ a alg. vererben, j-n beerben

herir 36 ▼　verwunden, verletzen

herrar 14 ▲　(Pferd) beschlagen, (Vieh) brandmarken

hervir 36 ▼　sieden, kochen, wallen

hice *s.* **hacer**

hiciera, hiciese *s.* **hacer**

hiedo *s.* **heder**

hielo *s.* **helar**

hiendo *s.* **hender**

hiero *s.* **herir**

hierro *s.* **herrar**

hiervo *s.* **hervir**

higienizar 11 ▲　den Hygienebestimmungen anpassen

hincar(se) 14 ▼　(Nagel) einschlagen, aufstemmen

hincho, hinchó *s.* **henchir**

hiño, hiñó *s.* **heñir**

hipnotizar 11 ▲　hypnotisieren

hipotecar 14 ▼　mit e-r Hypothek belasten

hirió *s.* **herir**

hirvió *s.* **hervir**

hispanizar 11 ▲　hispanisieren, spanisch machen

hizo *s.* **hacer**

holgar 10 ▼ *u.* 13 ▼　1. müßig sein, feiern, 2. stillstehen, 3. überflüssig sein, sich erübrigen

hollar 10 ▼　1. betreten, niedertreten, 2. mit Füßen treten

homogeneizar 11 ▲　homogenisieren

honrar 8　(be)ehren

horrorizar(se) 11 ▲　sich entsetzen

hospedar 8　beherbergen

hospitalizar 11 ▲　in ein Krankenhaus einweisen

hostigar 13 ▼　züchtigen, quälen, belästigen, reizen

hube *s.* **haber**

hubiera, hubiese *s.* **haber**

hubo *s.* **haber**

huela *s.* **oler**

huele(n), hueles *s.* **oler**

huelgo *s.* **holgar**

huelo *s.* **oler**

huello *s.* **hollar**

huir 28 ▼   1. flüchten, fliehen, aus dem Weg gehen, vermeiden, 2. dahineilen (Zeit)

humanizar 11 ▲   gesittet machen, zivilisieren

humedecer 20 ▲   anfeuchten

humillar 8   demütigen, erniedrigen

humidificar 14 ▼   befeuchten

hundir 27   versenken, zerstören, vernichten

hurgar 13 ▼   1. stochern, wühlen, 2. aufwühlen, -stacheln, reizen

huyo *s.* **huir**

I

iba *s.* **ir**

idealizar 11 ▲   idealisieren, verklären

identificar 14 ▼   identifizieren, gleichsetzen

idiotizar 11 ▲   verblöden

ignorar 8   1. nicht wissen, nicht kennen, 2. ignorieren

imbuir 28 ▼   einflößen, einprägen, beibringen

impedir 34 ▼   verhindern, hemmen, erschweren, stören, unmöglich machen

impeler 16   (an)treiben, bewegen, stoßen, schieben

impermeabilizar 11 ▲   imprägnieren, wasserdicht machen

impersonalizar 11 ▲   als unpersönliches Verb verwenden, unpersönlich machen

impidió *s.* **impedir**

impido *s.* **impedir**

implicar 14 ▼   1. verwickeln, hineinziehen, 2. mit einschließen, bedeuten

imponer 22 ▼   1. auferlegen, aufdrängen, -zwingen, 2. (Geld) einlegen, 3. (Ehrfurcht) einflößen, imponieren, beeindrucken

importar 8   1. wichtig sein, betragen (Geld), 2. einführen, importieren

imprecar 14 ▼   verwünschen, verfluchen

impreso *s.* **imprimir**

imprimir (*Part.* **impreso**) 27   (ab)drucken

impuesto *s.* **imponer**

incendiar 8   anzünden, in Brand stecken

incensar 14 ▲   1. (ein)räuchern, 1. beweihräuchern

incluir 28 ▼   einschließen, beilegen, beifügen

inculcar 14 ▼   1. beibringen, einschärfen, 2. einhämmern

incurrir 27   verfallen (in), geraten (in)

indagar 13 ▼   nachforschen, untersuchen, ermitteln

indemnizar 11 ▲   entschädigen, ersetzen

independizarse 11 ▲   sich unabhängig/selbstständig machen

indicar 14 ▼   anzeigen, angeben

indisponer 22 ▼   1. unfähig machen, mitnehmen, 2. das Wohlbefinden beeinträchtigen

individualizar 11 ▲   1. individualisieren, die Eigentümlichkeiten hervorheben, 2. einzeln behandeln

inducir 29 ▲   1. ~ **a** verleiten, 2. ~ **de** folgern, 3. induzieren (Physik)

induje *s.* **inducir**

industrializar 11 ▲   industrialisieren

induzco *s.* **inducir**

inferir 36 ▼   folgern, schließen

infiero *s.* **inferir**

infirió *s.* **inferir**

infligir 30 ▼   auferlegen, (Niederlage) bereiten

influir 28 ▼   beeinflussen, Einfluss haben auf

informar 8   informieren, unterrichten, Bericht erstatten

informatizar 11 ▲   1. vernetzen, computerisieren, mit EDV ausstatten, 2. Daten verarbeiten

infringir 30 ▼   verstoßen (gegen), übertreten

infundir 27   einflößen

ingerir 36 ▼   (hinunter)schlucken, zu sich nehmen

ingiero *s.* **ingerir**

ingirió *s.* **ingerir**

iniciar 8   beginnen, einleiten, einweihen, einführen

injuriar 8   beleidigen, beschimpfen

inmiscuirse 28 ▼   sich einmischen

inmortalizar 11 ▲   unsterblich machen, verewigen

inmovilizar 11 ▲   1. unbeweglich machen, stilllegen, 2. lähmen

inmunizar 11 ▲   immunisieren

inquiero *s.* **inquirir**

inquirir 28 ▲   untersuchen, nachforschen

inscribir (*Part.* **inscrito**) 27   1. einschreiben, eintragen, 2. **~se** sich eintragen, anmelden

insinuar 9 ▲   andeuten, nahe legen, unterstellen

insonorizar 11 ▲   schalldicht machen

insistir 27   **~ en** bestehen auf, beharren auf

instigar 13 ▼   anstiften

institucionalizar 11 ▲   institutionalisieren

instituir 28 ▼   ein-, errichten, gründen, einsetzen

instruir 28 ▼   unterrichten, unterweisen, anweisen, belehren

instrumentalizar 11 ▲   instrumentalisieren

intensificar 14 ▼   verstärken, intensivieren

intentar 8   versuchen, beabsichtigen

interesar 8   1. interessieren, Anteil nehmen lassen, 2. angehen, betreffen, 3. interessieren, packen, 4. **~se** sich interessieren

interferir 36 ▼   1. interferieren (Physik), 2. sich einmischen

interiorizar 11 ▲   verinnerlichen

internacionalizar 11 ▲   internationalisieren

interponer 22 ▼   1. einschieben, dazwischenlegen, -setzen, -stellen, 2. geltend machen

interrogar 13 ▼   aus-, befragen, (Zeugen) vernehmen

interrumpir 27   unterbrechen, abbrechen

intervenir 37   eingreifen

intoxicar 14 ▼   vergiften

intranquilizar 11 ▲   beunruhigen

intrigar 13 ▼   1. intrigieren, 2. beunruhigen, neugierig machen

introducir 29 ▲   einführen

introduje *s.* **introducir**

introduzco *s.* **introducir**

intuir 28 ▼   intuitiv erkennen/erfassen

inutilizar 11 ▲   unbrauchbar machen, wertlos machen

invadir 27   überfallen, einfallen (in)

inventar 8   erfinden, sich ausdenken

inventariar 15   Bestand aufnehmen, Inventur machen

invernar 8   überwintern

invertir 36 ▼   1. umkehren, umdrehen, 2. (Geld, Kapital) anlegen, investieren

investigar 13 ▼   untersuchen, (er)forschen, prüfen

investir 34 ▼   belehnen

invierto *s.* **invertir**

invirtió *s.* **invertir**

invistió *s.* **investir**

invisto *s.* **investir**

invocar 14 ▼   1. anrufen, 2. *jur.* vorbringen, geltend machen

ir 33 ▼   gehen, fahren, reisen, sich begeben

ironizar 11 ▲   ironisch werden

irrigar 13 ▼   *med.* (aus)spülen

islamizar 11 ▲   islamisieren

italianizar 11 ▲   italianisieren, italienisch machen

izar 11 ▲   (Segel) hissen, (Flagge) hissen

J

jalbegar 13 ▼   tünchen, weißen

jerarquizar 11 ▲   nach Rang/Bedeutung) einstufen

jeringar 13 ▼   einspritzen, e-e Spritze geben

judaizar 11 ▲   die jüdische Religion annehmen

juego *s.* **jugar**

jugar 13 ▲   spielen

justificar 14 ▼   rechtfertigen

juzgar 13 ▼   richten, beurteilen, halten für

L

lamentar 8   1. beklagen, bejammern, 2. bedauern

languidecer 20 ▲   hinwelken, schmachten, dahinsiechen

lanzar 11 ▲   werfen, schleudern, vertreiben

largar 13 ▼   losmachen, nachlassen, **~se** abhauen

lazar 11 ▲   mit e-r Schlinge fangen

leer 19 ▲   (vor)lesen

legalizar 11 ▲   legalisieren, beglaubigen

levantar 8   1. (er)heben, aufrichten, errichten, 2. verursachen, 3. (Strafe) aufheben

leyendo *s.* **leer**

leyera, leyese *s.* **leer**

leyó *s.* **leer**

liar 15   binden, einwickeln (Zigarette) drehen

lidiar 8   1. mit dem Stier kämpfen, 2. kämpfen

ligar 13 ▼   1. (ver)binden, 2. anbändeln

limpiar 8   reinigen, säubern, putzen

localizar 11 ▲   lokalisieren, ausfindig machen

lograr 8   1. erreichen, erlangen, 2. gelingen

lubrificar 14 ▼   ölen, schmieren

lucir 34 ▲   1. leuchten, scheinen, 2. leuchten lassen, zur Schau stellen, 3. nutzen, einbringen

luzco *s.* **lucir**

Ll

llegar 13 ▼   1. ankommen, eintreffen, erreichen 2. heranreichen an, sich belaufen auf, reichen bis

llenar 8   (aus)füllen, überhäufen

llevar 8   tragen, mit sich führen, mitnehmen, mitbringen

llorar 8   1. weinen, 2. beklagen, beweinen

llover 20 ▼   regnen (*nur 3. Pers. Sg.*)

llueve *s.* **llover**

M

macizar 11 ▲   ausfüllen, zuschütten

machacar 14 ▼   zerstoßen, zerkleinern, zermalmen

machucar 14 ▼   zerstampfen, zerquetschen

madrugar 13 ▲   früh aufstehen (*a. fig.*)

maldecir 29 ▲   lästern, (ver)fluchen (*Fut., Cond., 2. Pers. Sg. Imp. regelmäßig, Part. Akt.:* **maldecido**; *Pass.:* **maldicho**)

maliciar 8   argwöhnen, verderben

malquerer 23 ▼   j-m übel wollen

mancar 14 ▲   verstümmeln

mandar 8   1. befehlen, senden, schicken, 2. befehlen, gebieten

manifestar 14 ▲   1. zu erkennen geben, bekunden, zeigen, äußern, 2. **~se** demonstrieren; auftreten, erscheinen; sich zu erkennen geben als

manifiesto *s.* **manifestar**

mantener 24   1. er-, unter-, behalten, aufrechterhalten, 2. **~se** sich halten

maravillar 8   wundern

marcar 14 ▲   1. kennzeichnen, bezeichnen, markieren, 2. wählen (Telefon)

marchar 8   marschieren, gehen, fortschreiten

marear 8   1. krank, schwindlig machen, 2. **~se** schwindlig, seekrank werden

mascar 14 ▼   kauen

masticar 14 ▼   kauen

matizar 11 ▲   1. schattieren, abtönen, 2. nuancieren

maximizar 11 ▲   maximieren

mecanizar 11 ▲   mechanisieren, mechanisch bearbeiten

mecanografiar 15   mit Maschine schreiben, tippen

mecer 26 ▲   wiegen, schaukeln

mediar 8   1. in der Mitte liegen, 2. vermitteln

mediatizar 11 ▲   entscheidend beeinflussen

medir 34 ▼   messen

mejorar 8   1. (ver)bessern, steigern, 2. sich bessern

mencionar 8   erwähnen

mendigar 13 ▼ (er)betteln, erflehen

menear 8 schwenken, schütteln

menguar 12 ▼ 1. abnehmen, zurückgehen, 2. schmälern

menospreciar 8 gering schätzen, verachten

mentar 14 ▲ erwähnen

mentir 36 ▼ lügen

merecer 20 ▲ 1. verdienen, lohnen,
2. sich verdient machen

merendar 14 ▲ vespern

merezco *s.* **merecer**

meriendo *s.* **merendar**

mermar 8 abnehmen, verkürzen, herabsetzen

meter 16 (hinein)bringen, -stecken,
-legen, -tun

mezclar 8 (ver)mischen, einmischen

midió *s.* **medir**

mido *s.* **medir**

miento *s.* **mentar** *u.* **mentir**

mintió *s.* **mentir**

mirar 8 1. ansehen, betrachten, beobachten, 2. hin-, nach-, zusehen

mitigar 13 ▼ mildern, lindern, beschwichtigen

modernizar 11 ▲ modernisieren

modificar 14 ▼ ab-, verändern

mojar 8 anfeuchten, nass machen, eintauchen

moler 20 ▼ 1. mahlen, zerreiben,
2. zermürben, belästigen

molestar 8 belästigen, stören

monetizar 11 ▲ Münzen prägen, zum
öffentlichen Zahlungsmittel erklären

montar 8 1. (Pferd) reiten, besteigen,
2. montieren, aufstellen, zs.-setzen,
3. auf die Beine stellen (Geschäft etc.)

morder 20 ▼ beißen

mordiscar 14 ▼ knabbern

morir 31 ▼ (*Part.* **muerto**) sterben,
umkommen

mostrar 10 ▼ zeigen

motorizar 11 ▲ motorisieren

mover 20 ▼ 1. bewegen, 2. anregen,
antreiben

movilizar 11 ▲ mobil machen, mobili-
sieren

muelo *s.* **moler**

muerdo *s.* **morder**

muero *s.* **morir**

muerto *s.* **morir**

muestro *s.* **mostrar**

muevo *s.* **mover**

multiplicar 14 ▼ vervielfältigen, multi-
plizieren

mullir 33 ▲ auflockern

muriendo *s.* **morir**

muriera, muriese *s.* **morir**

murió *s.* **morir**

N

nacer 20 ▲ 1. geboren werden, 2.
entstehen, hervorgehen

naturalizar 11 ▲ naturalisieren, einbür-
gern, heimisch machen

naufragar 13 ▼ 1. Schiffbruch erleiden, 2. scheitern

navegar 13 ▼ 1. zur See fahren, se-
geln, 2. surfen (im Internet)

nazco *s.* **nacer**

necesitar 8 benötigen, brauchen, müssen

negar 13 ▼ *u.* 14 ▲ verneinen
(ver)leugnen, abstreiten

negociar 8 Handel treiben, verhandeln

neutralizar 11 ▲ neutralisieren, un-
wirksam machen, aufheben

nevar 14 ▲ *(nur 3. Pers. Sg.)* schneien

niego *s.* **negar**

nieva *s.* **nevar**

nombrar 8 (er)nennen

notar 8 1. bemerken, 2. bezeichnen,
aufzeichnen, verzeichnen

notificar 14 ▼ zustellen

nutrir 27 (er)nähren

O

obedecer 20 ▲ gehorchen, nachgeben

obligar 13 ▼ zwingen, verpflichten

obscurecer 20 ▲ *s. a.* **oscurecer**

obsequiar 8 aufnehmen, bewirten,
ehren, sich gefällig erweisen

observar 8 beobachten

obstruir 28 ▼   verstopfen, versperren

obtener 24   erlangen, erreichen, gewinnen *(Chemie)*

obviar 15   abwenden, beseitigen, vorbeugen

ocurrir 27   vorkommen, sich ereignen

odiar 8   hassen

ofender 16   beleidigen, verletzen, kränken

oficiar 8   1. amtieren, fungieren als, 2. die Messe feiern

ofrecer 20 ▲   (an-, dar)bieten

ofrezco *s.* **ofrecer**

oiga *s.* **oír**

oigo *s.* **oír**

oír 35 ▲   (zu-, an)hören, vernehmen

oler 21 ▲   riechen, wittern

olvidar 8   vergessen, verlernen

omitir 27   unterlassen, übergehen, auslassen

operar 8   operieren

oponer 22 ▼   entgegensetzen, -stellen, (Hindernisse) in den Weg legen

oprimir 27   (be-, unter)drücken

optar 8   wählen, sich entscheiden

opuesto *s.* **oponer**

ordenar 8   (an)ordnen, befehlen, verfügen

organizar 11 ▲   organisieren

orlar 8   (ein)fassen, säumen

ornamentar 8   verzieren

oscurecer 20 ▲   verdunkeln, dunkel werden, *fig.* verschleiern

otorgar 13 ▼   1. ausfertigen, 2. erteilen, bewilligen, gewähren

oye(n) *s.* **oír**

oyendo *s.* **oír**

oyera *s.* **oír**

oyese *s.* **oír**

oyó *s.* **oír**

P

pacer 20 ▲   (ab)weiden

pacificar 14 ▼   befrieden, besänftigen

padecer 20 ▲   1. erleiden, erdulden, 2. leiden

pagar 13 ▼   1. (aus-, be)zahlen, 2. heimzahlen, vergelten

palidecer 20 ▲   erbleichen, erblassen

paralizar 11 ▲   lähmen, hemmen

parecer 20 ▲   1. scheinen, aussehen, 2. ~**se** sich ähneln

parezco *s.* **parecer**

parir 27   gebären, werfen (Tiere)

parodiar 8   parodieren

particularizar 11 ▲   in allen Einzelheiten erzählen

partir 27   1. teilen, spalten, zerbrechen, 2. abreisen, aufbrechen

pasar 8   1. (über-, durch)schreiten, weitergeben, 2. (vorbei-, vorüber)gehen, -fahren, -ziehen, eintreten, näher treten, vergehen (Zeit), 3. ~**se** überlaufen, zu weit gehen

pasear 8   spazieren führen, herumreichen, -zeigen

pasteurizar 11 ▲   pasteurisieren

patentar 8   patentieren, als Patent anmelden

patentizar 11 ▲   offen darlegen, beweisen, bekunden

pazco *s.* **pacer**

pecar 14 ▼   sündigen

pedir 34 ▼   (er)fordern, verlangen, bestellen, bitten

pegar 13 ▼   1. (an-, auf)kleben, -heften, festmachen, 2. schlagen, (ver)prügeln

peinar 8   kämmen

pelar 8   enthaaren, schälen, rupfen

pellizcar 14 ▼   kneifen, zwicken, zupfen

penalizar 11 ▼   bestrafen

pensar 14 ▲   denken, meinen, ausdenken, gedenken

percibir 27   wahrnehmen, bemerken, hören

percudir 27   abnutzen, beschmutzen

perder 21 ▼   verlieren, versäumen, verpassen, verderben

perdonar 8   vergeben, verzeihen, (ver)schonen

perecer 20 ▲   vergehen, umkommen, sterben

perjudicar 14 ▼   schaden, (be)schädigen, benachteiligen, behindern

permanecer 20 ▲   (ver)bleiben, verharren, fortdauern

permitir 27   erlauben, gestatten, zulassen

perpetuar 9 ▲   verewigen, Dauer verleihen
perseguir 31 ▲ *u.* 34 ▼   verfolgen
persigo *s.* **perseguir**
persiguió *s.* **perseguir**
persistir 27   1. andauern, anhalten, 2. ~ **en** bestehen auf
personalizar 11 ▲   1. personifizieren, 2. persönlich werden, e-e best. Person herausgreifen
personificar 14 ▼   personifizieren, verkörpern
persuadir 27   überzeugen, überreden
pertenecer 20 ▲   angehören, dazugehören
pervertir 36 ▼   verderben, verführen, (Wahrheit) verdrehen, pervertieren
pervierto *s.* **pervertir**
pervirtió *s.* **pervertir**
pesar 8   1. (ab)wägen, 2. wiegen
pescar 14 ▼   angeln, fischen
pestañear 8   blinzeln
petrificar 14 ▼   versteinern
picar 14 ▼   1. stechen, beißen, picken, 2. brennen, beißen, jucken, 3. knabbern, e-e Kleinigkeit essen
pidió *s.* **pedir**
pido *s.* **pedir**
pienso *s.* **pensar**
pierdo *s.* **perder**
pintar 8   1. malen, anstreichen, 2. schildern
placer 38   gefallen
plagarse 13 ▼   sich anfüllen mit
planchar 8   bügeln, plätten
planear 8   1. planen, 2. gleiten
planificar 14 ▼   planen
plastificar 14 ▼   mit einem Plastikschutz versehen (Dokumente, etc.)
platicar 14 ▼   besprechen
plazca *s.* **placer**
plegar 13 ▼ *u.* 14 ▲   (zs.-)falten, falzen
plegue *s.* **placer** *u.* **plegar**
pliego *s.* **plegar**
plugo *s.* **placer**
pluralizar 11 ▼   verallgemeinern, sich auf mehrere Personen beziehen
poblar 10 ▼   1. bevölkern, besiedeln, 2. bepflanzen, aufforsten

poder 22 ▼   können, vermögen, dürfen, mögen
podré *s.* **poder**
podría *s.* **poder**
podrir *s.* **pudrir**
polarizar 11 ▲   polarisieren
polemizar 11 ▲   polemisieren
politizar 11 ▲   politisieren
pon *s.* **poner**
pondré *s.* **poner**
pondría *s.* **poner**
poner 22 ▼   1. setzen, stellen, legen, 2. ~**se** werden, 3. ~**se** + *Inf.* anfangen, etw. zu tun
ponga *s.* **poner**
pongo *s.* **poner**
pontificar 11 ▲   1. Papst sein oder werden, 2. große Reden führen
popularizar 11 ▲   allgemein verbreiten, volkstümlich machen
porfiar 15   beharren, trotzen, streiten
pormenorizar 11 ▲   genau beschreiben, genau aufzählen
poseer 19 ▲   besitzen, (Sprache) beherrschen
posponer 22 ▼   hintansetzen, nachstellen
postergar 13 ▼   zurücksetzen, übergehen
potabilizar 11 ▲   trinkbar machen, (Wasser) aufbereiten
practicar 14 ▼   ausführen, ausüben, betreiben, praktisch anwenden
precaver 16   vorbeugen, verhüten
preceder 16   voran-, vorhergehen, den Vorrang haben
precipitar 8   1. hinabstürzen, hinunterwerfen, 2. übereilen, überstürzen
preconizar 11 ▲   1. lobpreisen, 2. befürworten
predecir 29 ▼ (*2. Pers. Sg. Imp.* **predice**)   voraussagen
predicar 14 ▼   1. predigen, 2. ausposaunen
predisponer 22 ▼   vorbereiten, empfänglich machen für (Krankheit, etc.)
preferir 36 ▼   vorziehen
prefiero *s.* **preferir**
prefirió *s.* **preferir**

preguntar 8 fragen
prejuzgar 13 ▼ vorschnell urteilen über
premiar 8 belohnen, mit e-m Preis auszeichnen
prender 16 1. anpacken, ergreifen, festnehmen, 2. befestigen, anstecken, 3. anzünden, (Licht machen)
preparar 8 vorbereiten, zubereiten, präparieren
prescribir 27 verschreiben (*Part.* **prescrito**)
presenciar 8 beiwohnen, Augenzeuge sein
presentar 8 vorstellen, vorschlagen, vorweisen
presentir 36 ▼ ahnen
presidir 27 vorstehen, den Vorsitz führen
presiento *s.* **presentir**
presintió *s.* **presentir**
prestar 8 (aus-, ver)leihen
presumir 27 1. angeben, prahlen, 2. mutmaßen, annehmen, vermuten
presuponer 22 ▼ 1. voraussetzen, 2. veranschlagen
pretender 16 1. fordern, beanspruchen, 2. erstreben, begehren, 3. vorgeben, behaupten
prevalecer 20 ▲ überwiegen, den Ausschlag geben, durchdringen
prevenir 37 vorbereiten, zuvorkommen, vorbeugen, warnen
prever 26 voraussehen
principiar 8 anfangen, beginnen
pringar 13 ▼ 1. in Fett/Sauce eintauchen, 2. der Dumme sein
privilegiar 8 bevorzugen, mit bes. Rechten ausstatten
probar 10 ▼ 1. erproben, prüfen, (Speisen) kosten, 2. beweisen
proceder 16 1. (her)kommen, stammen aus, herrühren, 2. schreiten zu, 3. verfahren, handeln, vorgehen
prodigar 13 ▼ verschwenden, vergeuden
producir 29 ▲ 1. erzeugen, herstellen, produzieren, 2. (Beweise) beibringen
produje *s.* **producir**
produzco *s.* **producir**

proferir 36 ▼ aussprechen, äußern
profiero *s.* **proferir**
profirió *s.* **proferir**
profundizar 11 ▲ (Thema) vertiefen, ergründen
prohibir 27 verbieten
prolongar 13 ▼ verlängern, in die Länge ziehen
prometer 16 versprechen, geloben
promover 13 ▼ 1. fördern, befördern, 2. verursachen, herbeiführen
promulgar 13 ▼ 1. (feierlich) verkünden, (Gesetz) erlassen, 2. verbreiten, veröffentlichen
pronosticar 14 ▼ vorhersagen
pronunciar 8 aussprechen, (Rede) halten, (Urteil) fällen
propagar 13 ▼ verbreiten
propiciar 8 1. geneigt machen, besänftigen, 2. begünstigen, fördern, vorantreiben
proponer 22 ▼ vorschlagen, vorbringen
prorrogar 13 ▼ (zeitlich) verlängern, aufschieben, vertagen
proseguir 31 ▲ *u.* 34 ▼ 1. (Absicht) verfolgen, 2. fortfahren, weitermachen
prosigo *s.* **proseguir**
prosiguió *s.* **proseguir**
prostituirse 28 ▼ als Prostituierte arbeiten, sich prostituieren
protagonizar 11 ▲ die Hauptrolle spielen, haben
proteger 18 ▼ (be)schützen, begünstigen, protegieren
protestar 8 sich verwahren gegen, protestieren
proveer 19 ▲ (*Part.* **provisto** *u.* **proveído**) 1. versehen mit, ausstatten, 2. sorgen für, 3. (Amt) besetzen
provenir 37 herkommen, -rühren, -stammen
provocar 14 ▼ 1. herausfordern, provozieren, reizen 2. veranlassen, bewirken
proyectar 8 1. projizieren, 2. schleudern
pruebo *s.* **probar**
(p)sicoanalizar 11 ▲ psychoanalysieren

publicar 14 ▼   1. bekannt machen, 2. herausgeben, veröffentlichen

pude *s.* **poder**

pudiendo *s.* **poder**

pudiera *s.* **poder**

pudiese *s.* **poder**

pudo *s.* **poder**

pudrirse 27 (*Part.* **podrido**)   (ver)faulen

pueblo *s.* **poblar**

pueda *s.* **poder**

puede(n), puedes *s.* **poder**

puedo *s.* **poder**

puesto *s.* **poner**

pulir 27   glätten, abschleifen, polieren

pulverizar 11 ▲   zerstäuben, pulverisieren

punzar 11 ▲   stechen, zwicken

purgar 13 ▼   1. abführen, reinigen, 2. (Schuld) abbüßen

purificar 14 ▼   reinigen, läutern

puse *s.* **poner**

pusiera, pusiese *s.* **poner**

puso *s.* **poner**

Q

quebrar 14 ▲   (zer)brechen, biegen

quedar 8   (ver-, übrig)bleiben, noch vorhanden sein

quejarse 8   sich beklagen, sich beschweren, jammern

quemar 8   (ver)brennen, versengen

quepa *s.* **caber**

quepo *s.* **caber**

querer 23 ▲   wollen, mögen, wünschen, lieben

querré *s.* **querer**

querría *s.* **querer**

quiebro *s.* **quebrar**

quiero *s.* **querer**

quise *s.* **querer**

quisiera *s.* **querer**

quisiese *s.* **querer**

quiso *s.* **querer**

R

rabiar 8   wüten, toben

radicalizar 11 ▲   radikalisieren

radicar 14 ▼   wurzeln, beruhen auf

radiografiar 15   röntgen, durchleuchten

radiotelegrafiar 15   funken

raer 16 (*Pres. Ind.* **raigo** *od.* **rayo,** *Subj.* **raiga** *od.* **raya** *s. S. 21* ▲)   1. (ab)schaben, 2. tilgen

rallar 8   (zer)reiben

ramificarse 14 ▼   sich verzweigen

rascar 14 ▼   kratzen, schaben

rasgar 13 ▼   zerreißen, zerschlitzen

ratificar 14 ▼   ratifizieren

rayo *s.* **raer**

realizar 11 ▲   verwirklichen, ausführen

reaparecer 20 ▲   wieder auftauchen

reblandecer 20 ▲   erweichen

rebuscar 14 ▼   Nachlese halten, nachspüren

recaer 18 ▲   1. (zurück)fallen, 2. e-n Rückfall erleiden (Krankheit), 3. rückfällig werden (Straftäter)

recalentar 14 ▲   aufwärmen, überhitzen

recambiar 8   wieder umtauschen

recargar 13 ▼   überladen, überlasten

recetar 8   (Medikament) verschreiben

recibir 27   empfangen, erhalten, bekommen

recluir 28 ▼   einschließen, einsperren

recobrar 8   wiederbekommen, -erlangen, einbringen

recocer 20 ▼ *u.* 26 ▲   lange kochen

recomendar 14 ▲   empfehlen

recomenzar 11 ▲ *u.* 16 ▲   erneut anfangen

recomiendo *s.* **recomendar**

recomienzo *s.* **recomenzar**

reconciliar 8   versöhnen

reconocer 20 ▲   wieder erkennen

reconstituir 28 ▼   wiederherstellen

reconstruir 28 ▼   wieder aufbauen, wiederherstellen

recontar 10 ▼   1. nachzählen, 2. nacherzählen

reconvenir 37   rügen, j-m Vorwürfe machen

recordar 10 ▼   1. ins Gedächtnis rufen, (sich) erinnern, mahnen, 2. wieder zu sich kommen

recorrer 16   1. durchlaufen, -wandern,

-eilen, bereisen, 2. (Strecke) zurücklegen

recostar 10 ▼ zurücklehnen

recrear 8 ergötzen, erquicken

recrecer 20 ▲ zunehmen, wachsen

recrudecerse 20 ▲ sich verschlechtern, schlimmer werden

rectificar 14 ▼ berichtigen, verbessern, entzerren

recubrir 27 (*Part.* **recubierto**) überziehen, verkleiden

recuento *s.* **recontar**

recuerdo *s.* **recordar**

recuesto *s.* **recostar**

recuezo *s.* **recocer**

recurrir 27 1. sich wenden an, in An-
spruch nehmen, greifen zu, 2. (Rechts-
mittel) einlegen

rechazar 11 ▲ ab-, zurückweisen,
zurückstoßen, -werfen, ablehnen

redimir 27 ablösen, los-, zurückkaufen,
rel. erlösen

redistribuir 28 ▼ um-, neu verteilen

reducir 29 ▲ 1. zurückführen, 2. ab-
bauen, vermindern, verringern, kürzen,
ermäßigen

reduje *s.* **reducir**

reduzco *s.* **reducir**

reedificar 14 ▼ wieder aufbauen

reeducar 14 ▼ umschulen, umerzie-
hen

reelegir 30 ▼ *u.* 34 ▼ wieder wählen

reenviar 15 weiterbefördern

reexpedir 34 ▼ weiterbefördern, nach-
senden

referir 36 ▼ 1. erzählen, berichten,
2. **~se** sich beziehen auf

refiero *s.* **referir**

refirió *s.* **referir**

reflejar 8 zurückstrahlen, spiegeln

reforzar 10 ▼ *u.* 11 ▲ verstärken

refregar 13 ▼ *u.* 14 ▲ reiben

refrescar 14 ▼ erfrischen, abkühlen,
auffrischen, kühl werden

refriego *s.* **refregar**

refuerzo *s.* **reforzar**

refugiarse 8 sich flüchten

refulgir 30 ▼ glänzen, schimmern,
leuchten, strahlen

regar 13 ▼ *u.* 14 ▲ (be)wässern,
(be)gießen

regatear 8 feilschen

regir 30 ▼ *u.* 34 ▼ 1. regieren, leiten,
2. in Kraft sein, gelten (Gesetz)

registrar 8 verzeichnen, registrieren,
eintragen, durchsuchen

regresar 8 zurückkehren

rehacer 19 ▼ noch einmal machen,
umarbeiten, wiederherstellen

rehenchir 33 ▲ *u.* 34 ▼ ausstopfen,
aufpolstern

rehincho, rehinchó *s.* **rehenchir**

rehuir 28 ▼ verschmähen, ablehnen,
vermeiden, aus dem Weg gehen

reinar 8 regieren, herrschen

reincidir 27 rückfällig werden

reír(se) 35 ▼ lachen

reivindicar 14 ▼ (zurück)fordern, beanspruchen

rejuvenecer 20 ▲ verjüngen

relampaguear 8 *(nur 3. Pers. Sg.)*
(auf)blitzen, wetterleuchten

relanzar 13 ▲ 1. zurückstoßen, 2. wie-
derbeleben

relegar 15 ▼ verweisen, verbannen,
beseitigen, übergehen

relucir 38 ▲ glänzen, strahlen

remar 10 rudern

remediar 10 abhelfen, lindern, lösen

remendar 16 ▲ flicken, aus-, verbessern

remiendo *s.* **remendar**

remitir 31 1. über-, zusenden, überweisen, 2. verweisen, 3. (Strafe) erlassen

remojar 10 einweichen, wässern

remolcar 16 ▼ (Kfz) abschleppen,
(Schiff) schleppen

remontar 10 (Fluss) hinauffahren

remorder 23 ▼ beunruhigen, quälen

remover 23 ▼ 1. umrühren, quirlen,
umgraben, 2. aufwühlen, 3. ver-, weg-
rücken, entfernen

remozar 13 ▲ verjüngen

remplazar 13 ▲ ersetzen, vertreten,
j-s Stelle einnehmen

renacer 23 ▲ wiedergeboren werden,
zu neuem Leben erwachen

rendir 38 ▼ 1. bezwingen, überwinden, 2. ermüden, entkräften, 3. erweisen, (zurück)erstatten

renegar 15 ▼ u. 16 ▲ verabscheuen, abfallen von, fluchen, schimpfen

reniego s. **renegar**

renovar 12 ▼ erneuern, renovieren, auffrischen

renuevo s. **renovar**

renunciar 10 verzichten, zurückweisen

reñir 37 ▲ u. 38 ▼ 1. sich zanken, 2. (aus)schimpfen, schelten

reorganizar 13 ▲ neu gestalten, neu organisieren, umgestalten

repanchigarse 15 ▼ sich bequem zurücklehnen

reparar 10 ausbessern, reparieren, ersetzen, wieder gutmachen

repartir 31 verteilen, austeilen, (Post) zustellen, austragen

repatriar 10 in den Heimatstaat zurückschicken

repeler 19 zurücktreiben, abweisen

repensar 16 ▲ nochmals überlegen, durchdenken

repercutir 27 1. zurückprallen, widerhallen, 2. Auswirkungen haben

repetir 34 ▼ wiederholen

repicar 14 ▼ (Glocken) schlagen, läuten, (Kastagnetten) schlagen

repitió s. **repetir**

repito s. **repetir**

replegar 13 ▼ u. 14 ▲ 1. nochmals falten, 2. ~se sich zurückziehen; sich absetzen

replicar 14 ▼ erwidern, schlagfertig antworten, widersprechen

repoblar 10 ▼ wieder bevölkern, wieder aufforsten

reponer 22 ▼ wieder hinstellen, ersetzen, antworten

reprender 16 tadeln, vorhalten, vorwerfen

representar 8 1. vorstellen, darstellen, verkörpern, 2. aufführen, 3. vertreten

reprimir 27 unterdrücken, bekämpfen, verdrängen

reprobar 10 ▼ tadeln, missbilligen

reproducir 29 ▲ wiedererzeugen, nachbilden, reproduzieren, wiedergeben

reproduje s. **reproducir**

reproduzco s. **reproducir**

repruebo s. **reprobar**

repudiar 8 verstoßen, (Erbschaft) ausschlagen

repuesto s. **reponer**

requebrar 14 ▲ den Hof machen, Komplimente machen

requerir 36 ▼ 1. anordnen, bekanntgeben, prüfen, 2. erfordern, 3. auffordern, mahnen

requiebro s. **requebrar**

requiero s. **requerir**

requirió s. **requerir**

resecar 14 ▼ austrocknen

resentirse 36 ▼ Nachwirkungen (ver)spüren

reservar 8 1. reservieren, vorausbestellen, 2. zurücklegen, aufschieben, 3. vorbehalten

resfriar 15 1. abkühlen, 2. ~se sich erkälten

residir 27 wohnen, residieren

resiento s. **resentir**

resintió s. **resentir**

resistir 27 Widerstand leisten, standhalten, aushalten, ertragen

resolver 17 ▲ 1. auflösen, zerteilen, 2. (Fragen, Probleme) lösen, 3. beschließen

resollar 10 ▼ schnaufen

resonar 10 ▼ widerhallen, ertönen, erklingen, erschallen

respetar 8 achten, respektieren, (ver-) ehren, Rücksicht nehmen, (ver)schonen

resplandecer 20 ▲ (er)glänzen, strahlen

responder 16 1. antworten, erwidern, 2. den Erwartungen entsprechen

restablecer 20 ▲ wiederherstellen

restituir 28 ▼ 1. zurückgeben, erstatten, 2. wiederherstellen

restregar 13 ▼ u. 14 ▲ (stark) reiben

restriego s. **restregar**

restringir 30 ▼ ein-, beschränken

resuelto s. **resolver**

resuelvo s. **resolver**

resuello s. **resollar**

resueno s. **resonar**

resumir 27   (kurz) zs.-fassen

resurgir 30 ▼   (wieder)erscheinen, wieder-, auferstehen

retemblar 14 ▲   erzittern, erbeben

retener 24   zurück-, einbehalten

reteñir 33 ▲ *u.* 34 ▼   auffärben

retiño, retiñó *s.* **reteñir**

retocar 14 ▼   überarbeiten, ausbessern, retuschieren

retorcer 20 ▼ *u.* 26 ▲   verdrehen *(a. fig.)*, umdrehen, winden, krümmen

retozar 11 ▲   hüpfen, Unfug treiben

retraer 25 ▲   1. zurück-, einziehen, abbringen, 2. zurück-, wiederbringen, 3. *jur.* zurücknehmen

retribuir 28 ▼   vergüten, belohnen, bezahlen

retrotraer 25 ▼   vordatieren

retuerzo *s.* **retorcer**

reunir 27   (ver)sammeln, vereinigen, verbinden

revalorizar 11 ▲   aufwerten

revaluar 9 ▲   aufwerten

reventar 14 ▲   1. platzen, bersten, explodieren, krepieren, 2. ruinieren, kaputt machen

rever 26   wieder sehen, *jur.* revidieren

reverdecer 20 ▲   *(nur 3. Pers. Sg. u. Pl.)*   wieder (er)grünen

revestir 34 ▼   ver-, bekleiden, überziehen, versehen (mit)

reviento *s.* **reventar**

revistió *s.* **revestir**

revisto *s.* **rever** (Part.) *u.* **revestir** (Pres.)

revitalizar 11 ▲   neues Leben geben

revocar 14 ▼   widerrufen, aufheben, absagen; abberufen

revolcar 10 ▼ *u.* 14 ▼   1. zu Fall bringen, j-n fertig machen, 2. **~se** sich (herum)wälzen

revolucionar 8   revolutionieren, von Grund auf neu gestalten, die bestehende Ordnung stürzen

revolver 17 ▲   1. hin und her schütteln, 2. umrühren, 3. aufwühlen, in Unordnung bringen

revuelco *s.* **revolcar**

revuelto *s.* **revolver**

revuelvo *s.* **revolver**

rezagarse 13 ▼   zurückbleiben

rezar 11 ▲   beten, die Messe lesen

ría *s.* **reír**

ridiculizar 11 ▲   lächerlich machen

ríe *s.* **reír**

riego *s.* **regar**

ríen *s.* **reír**

riendo *s.* **reír**

riera *s.* **reír**

ríes *s.* **reír**

riese *s.* **reír**

rigió *s.* **regir**

rijo *s.* **regir**

rindió *s.* **rendir**

rindo *s.* **rendir**

riño, riñó *s.* **reñir**

río, rió *s.* **reír**

rivalizar 11 ▲   wetteifern

rizar 11 ▲   kräuseln

robar 8   (be)rauben, (be)stehlen

robustecer 20 ▲   stärken

rociar 15   1. tauen, nieseln, 2. besprengen, begießen

rodar 10 ▼   1. rollen, herunterrollen, sich drehen, 2. (Film) drehen

rodear 8   1. umgeben, umringen, 2. e-n Umweg machen, *fig.* Umschweife machen

roer 16 (*Pres. Ind. a.* **roigo** *od.* **royo**, *Subj. a.* **roiga** *od.* **roya**, *s. S. 18* ▲) (be-, ab-, an)nagen, anfressen, nagen an

rogar 10 ▼ *u.* 13 ▼   bitten, beten

roigo s. **roer**

romper 16 (*Part.* **roto**)   1. zerbrechen, zerreißen, durchbrechen, 2. ab-, unterbrechen

roncar 14 ▼   schnarchen, röhren

roto *s.* **romper**

royo *s.* **roer**

rozar 11 ▲   1. roden, abrupfen, -grasen, 2. reiben, leicht berühren, (durch)scheuern, 3. abschaben

ruedo *s.* **rodar**

ruego *s.* **rogar**

ruborizarse 11 ▲   erröten

rubricar 14 ▼   abzeichnen, mit Namenskürzel versehen

rumorear 8   munkeln

S

saber 23 ▼   1. wissen, können, verstehen, erfahren, 2. schmecken

sacar 14 ▼   herausziehen, -holen, hervorholen, herausnehmen, entnehmen

sacrificar 14 ▼   opfern

sacudir 27   schütteln, abschütteln, erschüttern, rütteln, (aus)klopfen

sal *s.* **salir**

saldré *s.* **salir**

saldría *s.* **salir**

salga *s.* **salir**

salgo *s.* **salir**

salir 36 ▲   1. herauskommen, (aus-, fort-, weg-)gehen, aufbrechen, starten, (ab-, los)fahren, 2. (her)vorragen, vorspringen, -treten, 3. heraustreten, sich bieten, herauskommen, erscheinen (Buch, Zeitung etc.)

salpicar 14 ▼   1. bespritzen, 2. durchsetzen

santiguar 12 ▼   das Zeichen d. Kreuzes machen, segnen

satirizar 11 ▲   verspotten

satisfacer 19 ▼ (*2. Pers. Imp.* **satisfaz** *od.* **satisface**)   Genüge leisten, (be)zahlen, zufrieden stellen, befriedigen

satisfago, satisfecho, satisfice *s.* **satisfacer**

sé *s.* **sabe** *(Pres.)* *u.* **ser** *(Imp.)*

sea *s.* **ser**

secar 14 ▼   trocknen

secularizar 11 ▲   verweltlichen, säkularisieren

seducir 29 ▲   verführen, bestechen, verzaubern

seduje *s.* **seducir**

seduzco *s.* **seducir**

segar 13 ▼ *u.* 14 ▲   mähen, abschneiden, zerstören

segregar 13 ▼   absondern, trennen

seguir 31 ▲ *u.* 34 ▼   1. folgen, verfolgen, befolgen, 2. fortfahren, weitermachen, fortdauern

sellar 8   (ver)siegeln, stempeln

sembrar 14 ▲   (aus)säen, bestreuen, ausstreuen, verbreiten

semejar 8   ähnlich sein, scheinen

sentar 14 ▲   1. setzen, 2. gut bekommen, gut tun, gut stehen, 3. ~se sich setzen

sentenciar 8   verurteilen, entscheiden

señalizar 11 ▲   mit Zeichen/Markierungen versehen, ausschildern

sensibilizar 11 ▲   sensibilisieren

sentir 36 ▼   1. fühlen, empfinden, verspüren, merken, 2. bedauern

señalar 8   kennzeichnen, auszeichnen, zeigen auf, anzeigen, hinweisen

sepa *s.* **saber**

separar 8   trennen, absondern, scheiden

ser 5   sein, bestehen aus, stammen aus

serrar 14 ▲   sägen

servir 34 ▼   1. dienen, bedienen, 2. dienen als, taugen zu

sido *s.* **ser**

siego *s.* **segar**

siembro *s.* **sembrar**

siento *s.* **sentar** *u.* **sentir**

sierro *s.* **serrar**

significar 14 ▼   bedeuten

sigo *s.* **seguir**

siguió *s.* **seguir**

simbolizar 11 ▲   symbolisieren, versinnbildlichen

simpatizar 11 ▲   sympathisieren

simplificar 14 ▼   vereinfachen

sincronizar 11 ▲   gleichschalten, synchronisieren

sindicarse 14 ▼   sich in e-r Gewerkschaft zs.-schließen

singularizar 13 ▲   auszeichnen, herausheben

sintetizar 11 ▲   1. zs.-fassen, zs.-stellen, 2. verkörpern, 3. synthetisieren *(Chemie)*

sintonizar 11 ▲   in einheitl. Schwingungen versetzen *(Physik)*, einstellen

sintió *s.* **sentir**

sirvió *s.* **servir**

sirvo *s.* **servir**

sistematizar 11 ▲   systematisch ordnen, systematiseren

situar 9 ▲   legen, stellen, (zeitlich) einordnen

sobrar 8   1. übrig bleiben, 2. überflüssig sein

sobrecargar 13 ▼   überladen

sobrecoger 18 ▼   erschrecken

sobr(e)entender 21 ▼   stillschweigend mit einbegreifen, mit darunter verstehen

sobreponer 22 ▼   darüberlegen, hinzufügen, 2. ~se sich hinwegsetzen über

sobresalir 36 ▲   hervorragen

sobreseer 19 ▲   *jur.* das Verfahren einstellen

sobrevenir 37   dazukommen, unvermutet eintreten

sobrevolar 10 ▼   überfliegen

socializar 11 ▲   1. sozialisieren, 2. vergesellschaften, verstaatlichen

socorrer 16   unterstützen, helfen

sofisticar 14 ▼   verfälschen, Spitzfindigkeiten vorbringen

sofocar 14 ▼   ersticken, unterdrücken, Einhalt gebieten

sofreír 35 ▼   leicht trösten

sois *s.* **ser**

solar 10 ▼   1. den Fußboden aus-, belegen, 2. Schuh besohlen

solazarse 11 ▲   sich ergötzen

soldar 10 ▼   1. schweißen, löten, 2. verkleben, verschmelzen

solemnizar 11 ▲   feierlich begehen

soler 38   pflegen (zu)

solidarizarse 11 ▲   sich solidarisch erklären

solidificar 14 ▼   festigen, verdichten

sollozar 11 ▲   schluchzen

soltar 10 ▼   lösen, losmachen, loslassen, lockern, fallen lassen

someter 16   1. unterwerfen, 2. unterziehen (Prüfung), 3. unterbreiten, vorlegen

somos *s.* **ser**

son *s.* **ser**

sonar 10 ▼   (er)klingen, ertönen, schellen, läuten

sonorizar 11 ▲   beschallen

sonreír 35 ▼   lächeln

sonrío, sonrió *s.* **sonreír**

sonsacar 14 ▼   entwenden, entlocken, wegschnappen

soñar 10 ▼   träumen

sorber 16   schlürfen, einsaugen, verschlingen

sorprender 16   überraschen

sosegar 13 ▼ *u.* 14 ▲   1. beruhigen, beschwichtigen, 2. ruhen, schlafen

sosiego *s.* **sosegar**

sospechar 8   vermuten, argwöhnen, misstrauen, verdächtigen

sostener 24   1. (unter)stützen, halten, tragen, unterhalten, 2. behaupten, (Meinung) verfechten

soterrar 14 ▲   vergraben, verscharren, verschütten

sotierro *s.* **soterrar**

soy *s.* **ser**

suavizar 11   1. geschmeidig machen, 2. mildern

subarrendar 14 ▲   unterverpachten

subir 27   1. hinauftragen, -bringen, -heben, (Preise) steigern, 2. steigen, hinaufgehen, -fahren, hinaufsteigen, 3. einsteigen

sublevar 8   aufwiegeln, empören

subsistir 27   1. (fort)bestehen, 2. sein Leben fristen

subvertir 36 ▼   umstürzen, zerrütten

subyugar 13 ▼   unterjochen, bezwingen

suceder 16   1. folgen auf, beerben, Nachfolger werden, 2. geschehen, zustoßen

sucumbir 27   unterliegen, erliegen, sterben

sueldo *s.* **soldar**

suelo *s.* **solar** *u.* **soler**

suelto *s.* **soltar**

sueno *s.* **sonar**

sueño *s.* **soñar**

sufrir 27   leiden, erleiden, dulden, ertragen

sugerir 36 ▼   anregen, vorschlagen, auf e-n Gedanken bringen, nahe legen

sugiero *s.* **sugerir**

sugirió *s.* **sugerir**

sumergir 30 ▼   untertauchen

supe *s.* **saber**

supiera, supiese *s.* **saber**

suplicar 14 ▼   (inständig) bitten, flehen, ersuchen

supo *s.* **saber**

suponer 22 ▼   1. voraussetzen, 2. annehmen

suprimir 27   unterdrücken, aufheben, verbieten, streichen, abschaffen, einstellen

surcar 14 ▼   (durch)furchen, durchschneiden, durchqueren

surgir 30 ▼   1. hervorquellen, -sprudeln, 2. auftauchen, erscheinen

surtir 27   1. versorgen, beliefern, 2. hervorsprudeln

suscribir 27 (*Part.* **suscrito**)   unterschreiben, abonnieren, bestellen

suspender 16   1. aufhängen, schwebend befestigen, 2. unterbrechen, vorläufig einstellen, aufschieben

sustituir 28 ▼   ersetzen, einsetzen, vertreten

sustraer 25 ▼   1. abziehen, subtrahieren, 2. entziehen, 3. unterschlagen

T

tabicar 14 ▼   zumauern

tamizar 11 ▼   fein sieben

tañer 24 ▲   (Instrument) spielen

tapiar 8   ummauern, (Tür) zumauern

tapizar 11 ▲   1. beziehen, polstern, 2. mit Stoff tapezieren

taquigrafiar 15   stenografieren

tatuar 9 ▲   tätowieren

teatralizar 11 ▲   für die Bühne bearbeiten

tecnificar 14 ▼   technisieren

tejer 16   weben, flechten

teledirigir 30 ▼   fernsteuern, -lenken

telefonear 8   telefonieren

telegrafiar 15   telegrafieren

temblar 14 ▲   zittern, beben

temer 16   fürchten

ten *s.* **tener**

tender 21 ▼   1. (Wäsche) aufhängen, 2. neigen, streben, abzielen, 3. (aus-)spannen, ausbreiten, ausstrecken

tendré *s.* **tener**

tendría *s.* **tener**

tener 24 ▼   haben, besitzen (fest)halten

tenga *s.* **tener**

tengo *s.* **tener**

tentar 14 ▲   1. betasten, befühlen, 2. versuchen, verlocken, verführen

teñir 33 ▲ *u.* 34 ▼   färben, tönen

teorizar 11 ▲   theoretisch behandeln, Theorien aufstellen, theoretisieren

terciar 8   dritteln

terminar 8   1. beenden, abschließen, 2. zu Ende gehen, enden

testificar 14 ▼   bezeugen, bekunden

tiemblo *s.* **temblar**

tiendo *s.* **tender**

tiene(n), tienes *s.* **tener**

tiento *s.* **tentar**

tiño, tiñó *s.* **teñir**

tiranizar 11 ▲   tyrannisieren, knechten

titularizar 11 ▲   zum Inhaber/Träger machen

tocar 14 ▼   1. berühren, rühren an, betasten, anfühlen, 2. (Instrument) spielen, 3. gebühren, zufallen, betreffen, an der Reihe sein

tomar 8   nehmen, annehmen, einnehmen, hinnehmen, übernehmen, wegnehmen

tonificar 14 ▼   stärken

torcer 20 ▼ *u.* 26 ▼   1. drehen, krümmen, verbiegen, 2. verrenken, zerren, verstauchen

toser 16   husten

tostar 10 ▼   rösten, bräunen

totalizar 11 ▲   zs.-zählen, insgesamt betragen

trabajar 8   1. arbeiten, schaffen, 2. be-, verarbeiten

traducir 29 ▲   übersetzen

traduje *s.* **traducir**

traduzco *s.* **traducir**

traer 25 ▲   (her-, mit-, über)bringen, 2. mit sich bringen, herbeiführen

traficar 14 ▼   (Schwarz)handel treiben

tragar 13 ▼   1. schlucken, verschlucken, verschlingen, 2. einstecken, herunterschlucken

traiga *s.* **traer**

traigo *s.* **traer**

traje *s.* **traer**

trajera, trajese *s.* **traer**

trajo *s.* **traer**

trancar 14 ▼   verriegeln, verstopfen

tranquilizar 11 ▲   beruhigen

transcender *s.* **trascender**

transcribir 27 (*Part.* **transcrito**)   abschreiben, umschreiben, (Musik) bearbeiten

transcurrir 27   verstreichen, vergehen

transferir 36 ▼   übertragen, übereignen, überweisen

transfiero *s.* **transferir**

transfirió *s.* **transferir**

transigir 30 ▼   nachgeben, sich vergleichen

transmitir 27   übertragen, übergeben, (Radio) senden

transponer 22 ▼   versetzen, verlegen, überschreiten, übersteigen

trascender 21 ▼   1. übergreifen, stark wirken, 2. erkennen lassen, verraten, offenkundig werden

trasciendo *s.* **trascender**

trasegar 13 ▼ *u.* 14 ▲   umstürzen, umkehren, umfüllen

trasiego *s.* **trasegar**

traslucirse 34 ▼   1. durchscheinen, 2. durchblicken

trasponerse 22 ▼   einnicken, eindösen

traumatizar 11 ▲   e-n Schock versetzen

trastocar 14 ▼   in Unordnung bringen, Unruhe bringen

travestirse 34 ▼   sich als anderes Geschlecht verkleiden

trayendo *s.* **traer**

trazar 11 ▲   entwerfen, anlegen, (Mittel) ersinnen, (Linie) ziehen

trenzar 11 ▲   flechten

trincar 14 ▼   1. zerteilen, zerstückeln, 2. viel essen oder trinken

triplicar 14 ▼   verdreifachen

trivializar 11 ▲   trivialisieren

trocar 10 ▼ *u.* 14 ▼   (ein)tauschen, (ein)wechseln, verwandeln

tronar 10 ▼   1. donnern, 2. wettern

tropezar 11 ▲ *u.* 14 ▲   1. stolpern, straucheln, 2. zs.-stoßen

tropiezo *s.* **tropezar**

truncar 14 ▼   1. abschneiden, verstümmeln, 2. unterbrechen, desillusionieren

trueco *s.* **trocar**

trueno *s.* **tronar**

tuerzo *s.* **torcer**

tuesto *s.* **tostar**

tullirse 33 ▲   lahm werden

tuve *s.* **tener**

tuviera, tuviese *s.* **tener**

tuvo *s.* **tener**

U

ubicar 14 ▼   1. unterbringen, (Kfz) parken, 2. ausfindig machen, lokalisieren

uncir 32 ▼   ins Joch spannen

ungir 30 ▼   salben

unificar 14 ▼   1. vereinen, vereinigen, 2. vereinheitlichen

unir 27   vereinigen, verbinden, zs.-fügen

urgir 30 ▼   dringend sein

utilizar 11 ▲   benutzen, ver-, anwenden, verwerten

V

va *s.* **ir**

vaciar 15   (aus-, ent)leeren, ausgießen, aushöhlen

vagar 15   1. umherstreifen, -irren, *fig.* 2. sich vage ausdrücken

vais *s.* **ir**

val *s.* **valer**

valdré *s.* **valer**

valdría *s.* **valer**

valer 25 ▼   1. nützen, einbringen, 2. gelten, wert sein, kosten, taugen

valga *s.* **valer**

valgo *s.* **valer**

valorar 8   schätzen, bewerten

valorizar 11 ▲   aufwerten

valuar 9 ▲   schätzen

vamos *s.* **ir**

van *s.* **ir**

variar 15   (ab-, ver)ändern, wechseln, verschieden sein, abweichen, variieren

vaporizar 11 ▲   verdampfen, zerstäuben

vas *s.* **ir**

vaya *s.* **ir**

ve *s.* **ir** *u.* **ver**

vea *s.* **ver**
vegetar 8   1. wachsen, 2. vegetieren
veía *s.* **ver**
velar 8   1. (be)wachen, besorgt sein, aufbleiben, nachts arbeiten, 2. verhüllen, 3. verschleiern
ven *s.* **venir**
vencer 26 ▲   (be)siegen, überwältigen, überwinden
vender 16   verkaufen
venga *s.* **venir** *u.* **vengar**
vengar 13 ▼   rächen
vengo *s.* **venir** *u.* **vengar**
venir 37   1. kommen, sich einstellen, erscheinen, 2. herrühren, abstammen
venzo *s.* **vencer**
veo *s.* **ver**
ver 26 ▼   sehen, erleben
verificar 14 ▼   1. beglaubigen, bestätigen, nachweisen, 2. (nach-, über)prüfen, kontrollieren
verter 21 ▼   (aus-, ver)gießen, verschütten, auskippen
vestir 34 ▼   (an-, be)kleiden, (Kleidung) anhaben, tragen
vi *s.* **ver**
viabilizar 11 ▲   begehbar *od.* befahrbar machen
viajar 8   reisen
viene(n), vienes *s.* **venir**
vierto *s.* **verter**
vigorizar 11 ▲   kräftigen
vine *s.* **venir**
viniendo *s.* **venir**
viniera, viniese *s.* **venir**
vino *s.* **venir**
vio *s.* **ver**
visibilizar 11 ▲   sichtbar machen
vistió *s.* **vestir**
visto *s.* **ver** *(Part.) u.* **vestir** *(Pres.)*
visualizar 11 ▲   veranschaulichen, graphisch darstellen
vitrificar 13 ▼   verglasen

vivir 27   1. leben, erleben, verleben, 2. wohnen
vocalizar 11 ▲   1. deutlich sprechen, 2. Stimmübungen machen
volar 10 ▼   1. fliegen, 2. eilen, verfliegen
volatilizarse 11 ▲   sich verflüchtigen
volcar 10 ▼ *u.* 14 ▼   umwerfen, umstülpen, kippen
volver 17 ▲   1. drehen, (um)wenden, stülpen, 2. zurückgeben, -schicken, 3. verwandeln
voy *s.* **ir**
vuelco *s.* **volcar**
vuelo *s.* **volar**
vuelto *s.* **volver**
vuelvo *s.* **volver**
vulcanizar 11 ▲   vulkanisieren
vulgarizar 11 ▲   allgemein verständlich darstellen, verbreiten

Y

yacer 38   1. liegen, 2. begraben sein
yendo *s.* **ir**
yerga *s.* **erguir**
yergo *s.* **erguir**
yergue(n), yergues *s.* **erguir**
yerra(n), yerras *s.* **errar**
yerre(n), yerres *s.* **errar**
yerro *s.* **errar**
yuxtaponer 22 ▼   nebeneinander stellen

Z

zaherir 36   herunterputzen, abkanzeln
zahiero *s.* **zaherir**
zahirió *s.* **zaherir**
zambullir 33 ▲   untertauchen, ins Wasser werfen
zurcir 32 ▼   flicken, stopfen

Weitere Lern- und Übungsmaterialien:

Langenscheidts Standardgrammatik Spanisch

Spanische Grammatik systematisch lernen und gezielt überprüfen. Eine ausführliche Darstellung aller wichtigen Gebiete, speziell auf die Bedürfnisse Deutschsprachiger zugeschnitten. Reichhaltiges und anschauliches Beispielmaterial, ausführliche Erklärungen und Tests am Ende der Kapitel mit Lösungsschlüssel. Farbige Gestaltung und auflockernde Illustrationen. Für Selbstlerner und fortgeschrittene Lernende an Schulen, Volkshochschulen und Universitäten.
260 Seiten, ISBN 3-468-34927-0

Langenscheidts Praktische Grammatik Spanisch

Die kompakte und übersichtliche Einführung in die spanische Grammatik. Vergleiche mit dem Deutschen erleichtern das Verständnis. Ausführliche Erläuterungen mit vielen Beispielen, alle Beispiele mit deutscher Übersetzung. Zweifarbige Gestaltung und Register ermöglichen rasches Nachschlagen. Für Anfänger und Fortgeschrittene, für das Selbststudium und als Ergänzung zum Unterricht.
160 Seiten, ISBN 3-468-34939-4

Einen Gesamtüberblick über das Spanisch-Programm von Langenscheidt finden Sie in unserem Katalog „Spanisch • Portugiesisch".

80711 München • Postfach 40 11 20 • Telefon 089/360 96-0